中等职业教育课程改革精品教材

互联网+职教改革新理念教材

心理健康与职业生涯

主编　罗勇智　刘厚房　王明强

江苏大学出版社
JIANGSU UNIVERSITY PRESS
镇　江

内 容 提 要

本书阐述了心理健康和职业生涯规划的相关知识，在引导学生树立心理健康意识的基础上，帮助其认识自我、正确处理人际交往关系，解决其生活、学习和求职就业中的问题，为职业生涯发展奠定基础。全书共6章，分别是"时代导航 生涯筑梦""认识自我 健康成长""立足专业 谋划发展""和谐交往 快乐生活""学会学习 终身受益""规划生涯 放飞理想"。

本书可作为中等职业学校思想政治课程的基础教材，是各专业学生的必修课程用书。

图书在版编目（CIP）数据

心理健康与职业生涯 / 罗勇智，刘厚房，王明强主编. -- 镇江 : 江苏大学出版社，2020.8（2023.1重印）
ISBN 978-7-5684-1419-7

Ⅰ. ①心… Ⅱ. ①罗… ②刘… ③王… Ⅲ. ①心理教育－健康教育－中等专业学校－教材②职业选择－中等专业学校－教材 Ⅳ. ①G444②G717.38

中国版本图书馆CIP数据核字(2020)第154812号

心理健康与职业生涯
Xinli Jiankang yu Zhiye Shengya

主　　编 / 罗勇智　刘厚房　王明强
责任编辑 / 柳　艳
出版发行 / 江苏大学出版社
地　　址 / 江苏省镇江市京口区学府路301号（邮编：212013）
电　　话 / 0511-84446464（传真）
网　　址 / http://press.ujs.edu.cn
排　　版 / 三河市祥达印刷包装有限公司
印　　刷 / 三河市祥达印刷包装有限公司
开　　本 / 880 mm×1 230 mm　1/16
印　　张 / 10.75
字　　数 / 267千字
版　　次 / 2020年8月第1版
印　　次 / 2023年1月第5次印刷
书　　号 / ISBN 978-7-5684-1419-7
定　　价 / 38.80元

如有印装质量问题请与本社营销部联系（电话：0511-84440882）

PREFACE
前言

中等职业教育担负着培养德智体美劳全面发展的高素质劳动者和技术技能人才的任务，是国民教育体系的重要组成部分。新时代对中职学生提出了新要求，即中职学生必须成为德才兼备且兼具技术技能的全面型人才，而思想政治教育正是落实立德树人这一根本任务的关键。思想政治课程中的“心理健康与职业生涯”是重点培育学生职业精神与健全人格的一门课程，新课标将“心理健康”与“职业生涯规划”两门课程整合，目的是使中职学生形成适应时代发展的职业理想和职业发展观，探寻符合自身实际和社会发展的积极生活目标，养成自立自强、敬业乐群的心理品质和自尊自信、理性平和、积极向上的良好心态，提高适应社会、应对挫折、求职就业的能力，坚定通过职业发展实现人生出彩的信心。

编写理念和结构

我们根据《中等职业学校思想政治课程标准（2020 年版）》组织编写了本书。本书在编写过程中，不仅注重教学内容与社会生活、职业生活的联系，利用或设置职场生活情境，突出实践取向，而且有机融入工匠精神教育，注重提升学生的职业素养，帮助学生树立正确的劳动观、职业观、就业观和成才观。

本书共 6 章，分别是“时代导航 生涯筑梦”“认识自我 健康成长”“立足专业 谋划发展”“和谐交往 快乐生活”“学会学习 终身受益”“规划生涯 放飞理想”。

主要特色和亮点

1．德育为本，立德树人

本书能够引导学生树立积极正确的人生观、价值观、职业观和就业观，帮助学生培养自主意识、创新意识、诚信意识、竞争意识、合作意识和法律意识，让学生明确自身的社会责任与历史使命，把个人理想和国家需要、社会发展相结合。

2．紧贴课标，职业引领

本书内容安排紧密围绕《中等职业学校思想政治课程标准（2020 年版）》的教学要求，注重教学内容与社会生活、职业生活的联系，有机融入工匠精神教育，同时与专业课程相互配合，更好地突出职业教育的特色。

3．内容整合，助力成长

本书将“职业生涯规划”与“心理健康”两门课程进行整合，全面阐释了心理健康与职业生涯规划的基本知识，引导学生树立心理健康意识，掌握心理调适和职业生涯规划的方法。同时，根据社会发展需要和学生心理特点进行职业生涯指导，帮助学生正确处理生活、学习、成长和求职就业中遇到的问题，为学生健康成长成才和职业生涯发展奠定基础。

4．讲解通俗，版式精美

本书采用通俗易懂、生动有趣的语言进行讲述，并配有大量精美的图片和清晰的表格，既便于学生阅读和理解，又美化了版面、增强了趣味性。

5．体例丰富，宜教易学

本书每章均设有“导语”“学习目标”“透视生活”“名言警句”“拓展阅读”“互动空间”“成长故事”“实践活动”等体例，在激发学生学习兴趣的同时丰富其阅读体验。

- 导语：用富有感情的文段引出本章的主旨，使学生产生共鸣。
- 学习目标：列出了应掌握的重要知识点，便于学生有目的地进行学习。
- 透视生活：利用贴近中职学生生活的案例引出一个或几个问题，让学生进行思考、讨论，以此激发学生学习本节知识的兴趣。
- 名言警句：丰富学生的阅读体验，充实学生的知识储备。
- 拓展阅读：对相关知识进行适当外延，丰富师生的课堂体验，拓展学生的视野。
- 互动空间：对重点知识进行提问，让学生通过讨论和发表观点，进一步理解所讲内容，同时引导学生关注现实问题。
- 成长故事：现实生活中的事件更能引起学生的共鸣，让学生切实感受到职业生涯与心理健康对成长成才的重要作用。
- 实践活动：采用访谈活动、主题班会、话剧表演、社会调研等多种形式开展综合性探究活动，全面提升学生的职业精神，健全学生的人格，同时让学生在实践中增长才干。

6．平台支撑，资源丰富

本书紧跟时代步伐，配置了“二维码”学习资源，学生只需拿起智能手机“扫一扫”，就能即刻看到相关的视频资料，直观地感受所学知识，增强学习的趣味性和互动性。

同时，为了方便学校管理、教师教学和学生自学，本套教材与一款集教学管理、教学支撑于一体的文旌综合教育平台“文旌课堂”（www.wenjingketang.com）开展了深度合作，学校可借助该平台管理校本课程，教师可借助该平台管理各种教学资源（如教学课件、微课视频等）、布置作业、组织考试，学生可借助该平台阅读课外资源、提交作业、进行线上练习、参加考试等。师生在教与学的过程中有任何疑问，都可以登录该平台寻求帮助。

本书由罗勇智、刘厚房和王明强担任主编，高明、李炎辉、汤莎、刘善滨、韦巧玲、刘行明、季正雄、罗伟辉、陈繁和朱文来担任副主编，陈春苗、明莹、梁翠柳、杨爽茹和王晓曦参与编写。

在编写过程中，我们参阅、借鉴了诸多著作和资料，在此，谨向有关作者表示诚挚的谢意！由于编者水平有限，书中存在的疏漏及不足之处，恳请各位专家、广大师生及同仁批评指正，以便我们再版时予以完善。

本书编委会

主　编　罗勇智　刘厚房　王明强

副主编　高　明　李炎辉　汤　莎

刘善滨　韦巧玲　刘行明

季正雄　罗伟辉　陈　繁

朱文来

参　编　陈春苗　明　莹　梁翠柳

杨爽茹　王晓曦

CONTENTS

目 录

01 第一章 时代导航　生涯筑梦

02 第二章 认识自我　健康成长

CONTENTS

目 录

CONTENTS

目录

03 第三章 立足专业　谋划发展

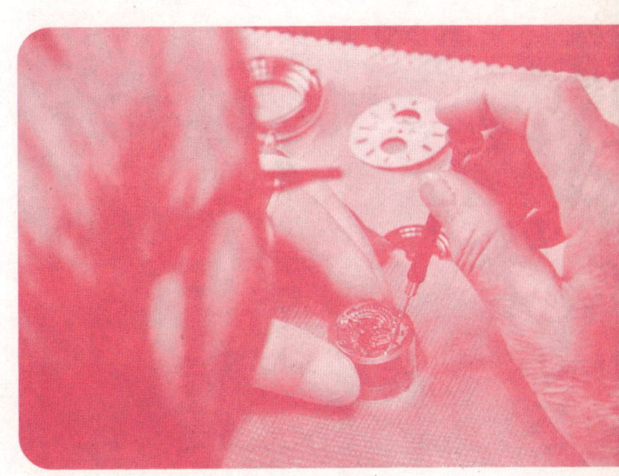

04 第四章 和谐交往　快乐生活

CONTENTS

目录

CONTENTS

目 录

05 第五章 学会学习 终身受益

CONTENTS

目 录

06 第六章 规划生涯 放飞理想

第一章

时代导航　生涯筑梦

01

导　语

人生道路漫长，终有一天我们会告别学生时代，迈入社会，进入职场。不论未来从事何种职业，走向成功的第一步，就是要进行职业的规划，从而给自己的未来指明方向。

如今，我国已进入全面建设中国特色社会主义的新时代。新的时代为个人职业发展提供了全新的舞台，同时也对职场从业者的个人素养提出了更高的要求。

学习目标

- 认知：了解新时代下社会发展的目标；了解新时代对人才的要求；了解职业生涯规划具体内容。
- 领会：理解社会发展是实现人生梦想的客观环境；领悟职业生涯规划对人生发展的引导作用。
- 提高：养成关注社会发展动态的习惯；确立符合时代要求的职业理想；树立正确的成才观和就业观；以职业生涯规划引领个人成长。

第一节 新时代，新舞台

透视生活

感受“中国制造”的力量

经过改革开放40多年的发展，我国已成为世界第一制造业大国。为实现中国从全球制造大国到制造强国的跨越，2015年5月8日国务院正式印发“中国制造2025”计划，提出了中国政府实施制造强国战略第一个十年的行动纲领。

“中国制造”的力量

今天，中国的“天宫”遨游太空、高铁走出国门、5G技术引领潮流、人工智能提供便捷生活……“中国制造”遍布世界，并向“中国质造”和“中国智造”挺进。

“我们的目标是星辰大海”

曾经寸步难行，如今步履不停。中国航空工业在逆境中不断创新发展，为国人送上一份又一份欣喜。他们从嫦娥探月，到国产大型无人机，再到一些武器装备方面的项目，都有参与。中国航空人在沧海横流中，浩荡前行。

大国底气从“核”来

从无到有，从小到大，如今的核工业，已建立完整的核科技工业体系。数十万核工业人自主研制原子弹、氢弹、核潜艇，建设了秦山核电站、华龙一号，等等，创造了无数个中国的第一，从国之光荣到国家名片，我们向强核强国奋力前行。

这是C919，这是青春的模样

一副机翼数千个控制点的反复修改，是为了国产飞机的探索和创新；比头发丝更精细的零件反复雕磨，是为了飞机制造的精益求精；2 942次天空的远征，是为了十的负九次方（10^{-9}）的充分验证；大飞机宁夏支教团无数个日夜的山村驻扎，是为了贫困儿童对知识的渴望与真诚……他们是中国大飞机青年，他们传承精神、无惧艰难、无畏挑战，他们用坚实的行动托起中国大飞机的明天。走好青春每一步，让9 000颗青春的心在大飞机事业壮阔征程中绚丽绽放。

高铁是中国永不褪色的“金名片”

2007年以前，我国没有一条高铁，而截至2020年底，我国高速铁路运营里程已达3.79万公里。从无到有，震惊世界。“和谐号”正在让中国越变越小，让“说走就走的旅行”越来越多。

如今，无论从科技层面，还是从效率层面，中国高铁的建设已经渐入佳境。在技术上，中国为应对复杂恶劣天气与地理环境，自主设计高寒动车组、防风沙动车组、耐高温高湿动车组。通过引进、消化、吸收、再创新，中国高铁技术迅速进步。由中国南车研制的 CRH380A 车型高速动车组（见图 1-1），是中国高铁代表产品，曾在京沪高铁先导段创造 486.1 公里时速的世界高速铁路运营试验最高速。

从“跟跑”到超越，从超越到卓越，到如今以高标准步入世界舞台中央，中国高铁的成就来之不易，也令世人为之惊叹。这些年来，“和谐号”一直在不断更新换代，凭借着勇于探索、精益求精的工匠精神，中国高铁让“中国制造”逐步迈向了“中国智造”。

世界最薄“手撕钢”

太钢集团不锈钢“手撕钢”创新研发团队历时两年，攻克 175 个设备难题、452 个工艺难题，经历 700 多次失败，突破了五大核心工艺技术，成功研制出世界首发宽幅最薄（0.02 mm）的不锈钢箔材，达到国际领先水平。在此基础上，团队再度发力，成功开发出新一代 5G 高端电子用系列精密带材柔性屏钢，进一步推进 OLED 用掩模板基材国产化，为中国制造提供了高端基础材料。

让中国发动机拥有“中国芯”

潍柴青年科技创新团队常年工作在“高温、高寒、高原”的严酷环境，建成全球规模最大、涵盖机型最多、试验环境最苛刻的发动机运行数据库。在商用车动力总成控制、国家排放升级控制等领域打破国外技术封锁，让中国发动机拥有“中国芯”。

如今，中国从发挥成本优势，承接全球制造业转移到自主研发、创新突破，由主要依赖人工到逐步实现自动化、数字化、智能化，中国制造创新能力不断增强，生产方式更加高效，产品质量加速提升。中国已经不再是那个只能批量生产他国创新产品的国家了，中国制造正在向中国创造转变，中国速度正在向中国质量转变，中国产品正在向中国品牌转变。

图 1-1　CRH380A 动车组

议一议

“中国制造”为各行各业的发展都提供了更多的机会。你所学的专业是什么？你未来想从事什么职业？你选择的职业如何在“中国制造 2025”中贡献力量？“中国制造 2025”为我们的职业发展提供了怎样的舞台？

一、百年筑梦，中华腾飞

中华人民共和国成立后，面对国家满目疮痍、各方面都百废待兴的局面，中国共产党

人以大无畏的革命精神带领中国人民艰苦奋斗、改天换地，终于初步把我国建设成为一个工业门类比较齐全的工业国。

改革开放后，党和国家领导人带领全国各族人民不失时机地抓住世界产业转移的机会，采取“走出去、请进来”的办法大力学习世界各国先进的管理经验和各种先进技术。对内打破原有的一些不符合市场经济要求的思想观念，全面释放社会、企业和个人的潜力与创造力，终于实现了中国经济的全面腾飞。

（一）新时代，新目标

党的十七大、十八大对全面建成小康社会提出了新的要求，做出了新的部署，明确“两个一百年”的奋斗目标，即到建党 100 年时建成惠及十几亿人口的更高水平的小康社会；到新中国成立 100 年时基本实现现代化，建成社会主义现代化强国。

2017 年，党的十九大报告指出，全面建设社会主义现代化国家的进程分两个阶段来安排：第一个阶段从 2020 年到 2035 年，在全面建成小康社会的基础上，再奋斗 15 年，基本实现社会主义现代化。第二个阶段从 2035 年到本世纪中叶，在基本实现现代化的基础上，再奋斗 15 年，把我国建成富强民主文明和谐美丽的社会主义现代化强国。

2021 年 7 月 1 日，习近平总书记在天安门城楼上庄严宣告，经过全党全国各族人民持续奋斗，我们实现了第一个百年奋斗目标，在中华大地上全面建成了小康社会，历史性地解决了绝对贫困问题，正在意气风发向着全面建成社会主义现代化强国的第二个百年奋斗目标迈进。

（二）新时代下的职业教育

如今，我国经济进入新的发展阶段，经济转型升级呼唤大量高素质技术人才，职业教育迎来了发展的春天。在党和政府的高度重视与大力支持下，2019 年 1 月，国务院印发了《国家职业教育改革实施方案》（简称“职教 20 条”），突出显示了职业教育的重要地位。

现代职业教育借鉴“双元制”等模式，形成了产教融合、校企合作、开放办学的体制机制，以及德技并修、工学结合、手脑并用的育人模式，这使得职业教育毕业生在就业市场上供不应求。近几年，中职毕业生就业率已突破 95%，且就业质量逐年提升，职业教育已成为造就大国工匠的人才摇篮。

新时代是奋斗的时代，也是圆梦的时代。中职生除了可以直接就业外，还可以选择多种方式升学深造，如可通过“3+2”培养模式直读高职，通过参加国家级和省级技能大赛并获奖免试读高职等。

拓展阅读

全国职业院校技能大赛

全国职业院校技能大赛是教育部发起并牵头，联合国务院有关部门以及有关行业、人民团体、学术团体和地方共同举办的一项公益性、全国性职业院校学生综合技能竞赛活动。该活动每年举办一届。

为充分展示职业教育改革发展的丰硕成果，集中展现职业院校师生的风采，努力营造全社会关心、支持职业教育发展的良好氛围，促进职业院校与行业企业的产教结合，更好地为中国经济建设和社会发展服务，职业技能大赛已成为专业覆盖面最广、参赛选手最多、社会影响最大、联合主办部门最全的国家级职业院校技能赛事。

2017年，大赛比赛项目已涵盖了77个大项，81个分赛项。其中，中职组11个专业类，32个大项（35个分赛项）；高职组15个专业大类，45个大项（46个分赛项）。

学生报名以省（自治区、直辖市、新疆生产建设兵团、计划单列市）为单位组队。中职参赛选手须为全日制正式学籍的在校生，年龄限制在25周岁以下。

二、“中国制造2025”，职业梦想成就未来

在全球制造业发生重大转变，我国经济发展形势进入新常态的背景下，国务院发布了“中国制造2025”计划，被称为中国版的工业4.0计划。

（一）“中国制造2025”计划

我国自改革开放以来，各行各业都得到了快速发展。如今，我国已连续12年为世界最大制造业国家，工业增加值在2021年已高达37.3万亿元，其中制造业增加值为31.4万亿元。然而，虽然我国在某些领域有所突破，但总体上仍然是大而不强。

为抓住新一轮科技革命和产业变革这一重大历史机遇，立足我国转变经济发展方式的实际需要，让中国成为具有全球影响力的制造强国，2015年3月，李克强总理在全国两会上首次提出“中国制造2025”宏大计划，以此实现中国制造业的全面转型升级。

“中国制造2025”包括五大工程和十大领域。五大工程包括制造业创新中心建设工程、工业强基工程、智能制造工程、绿色制造工程和高端装备创新工程。十大领域包括新一代信息技术、高档数控机床和机器人、航空航天装备、海洋工程装备及高技术船舶、先进轨道交通装备、节能与新能源汽车、电力装备、新材料、农业机械装备、生物医药及高性

能医疗器械等，如图 1-2 所示。

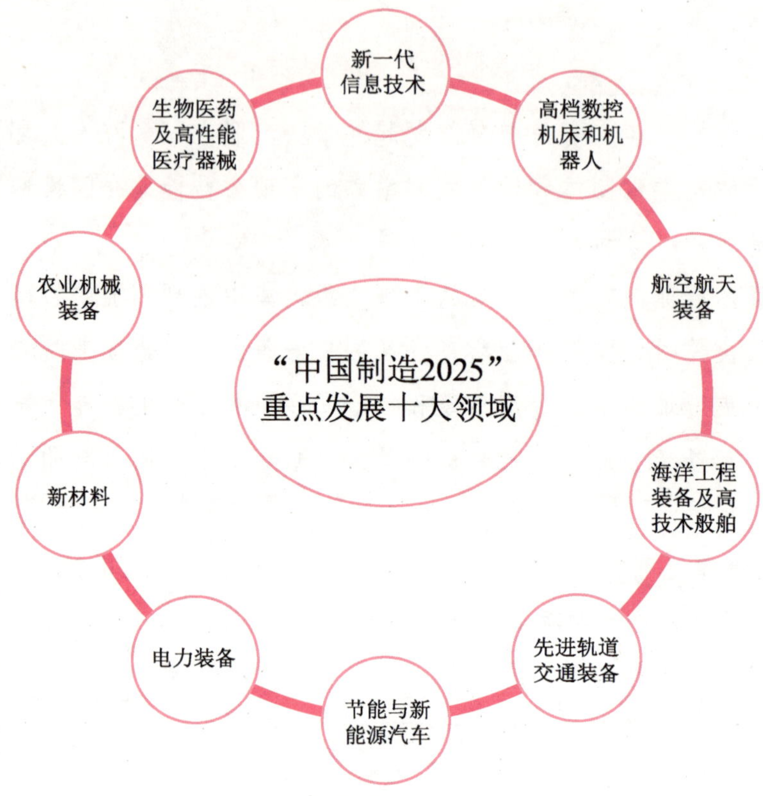

图 1-2 “中国制造 2025”十大领域

“中国制造 2025”计划的突出特点就是生产的智能化、信息化，以及对人才素质要求的高素质化和复合化。

（二）新时代对人才的需求

“中国制造 2025”计划的总体要求是，通过创新驱动、智能转型、强化基础实现中国梦。“千秋基业，人才为先”，因此，该计划的出台对人才也提出了更高的要求。

1. 新时代的人才应该学会求知

知识如汪洋大海，人类对知识的学习是永无止境的。新时代的人才，不仅要积极学习自身专业领域的知识，还应广泛涉猎专业相关的知识，以开阔自己的视野。

2. 新时代的人才应该学会做事

再精密的部件都需要技工来制造，再先进的设备都需要技工来操控。社会主义是干出来的，新时代也是干出来的，新时代的人才应该明白“空谈误国，实干兴邦”的道理，自觉传承劳动精神，脚踏实地学习技能，并不断提升技能水平。

成长故事

技能也能改变人生

1998 年 11 月，宋彪出生在安徽蚌埠市怀远县的一个小村庄。上小学时，他就很喜欢组装、拆卸。在学校里，宋彪的学习成绩并不突出，2014 年中考，他的分数仅比普通高中录取分数线高出几分。面对未来，宋彪与父亲长谈了一次，他决定去上职业学校。

宋彪：解锁青春怒放的另一种可能

2014 年 9 月，宋彪来到江苏省常州技师学院，成为机械工程系五年制模具设计与制造专业的一名学生。

2016 年 6 月，宋彪被学校选中，获得了参加第 44 届世界技能大赛江苏省选拔赛的资格。对于这个难得的机会，宋彪异常珍惜。最终，他以第一名的成绩，取得了代表江苏省参加全国选拔赛的机会。

2017 年 6 月，宋彪在国家集训队“6 进 3”“3 进 2”“2 进 1”的三轮淘汰选拔赛中脱颖而出，成为代表国家出战第 44 届世界技能大赛工业机械装调项目的唯一正式选手。

2017 年 10 月，宋彪代表中国出征在阿联酋阿布扎比举行的第 44 届世界技能大赛，他不畏强手，勇摘工业机械装调项目金牌（见图 1-3），并在 1 260 名参赛选手中以最高分捧回被称为“金牌中的金牌”的阿尔伯特·维达尔奖，成为获此殊荣的中国第一人，向世界展现了新时代中国青年工匠的风采，为国家赢得了荣誉。

图 1-3 宋彪勇夺世界技能大赛冠军

2018 年 1 月，江苏省政府为宋彪记个人一等功，授予他“江苏大工匠”称号；江苏省人力资源和社会保障厅认定他副高级专业技术职称、晋升高级技师职业资格，宋彪成为江苏最年轻的副高级专业技术职称获得者。

2019 年，宋彪荣获“中国青年五四奖章”。《宋彪的故事》也被中华人民共和国人力资源和社会保障部遴选为全国技工院校开学第一课读物。

面对诸多荣誉，宋彪感慨良多，“经历这么多，我能感受到党和国家对于技能人才培养的重视和关怀。技能改变人生，技能成就梦想，从我的个人经历看，这条路选对了。”宋彪表示，接下来，他将珍惜荣誉，再接再厉，用自己的努力阐释新时代中国青年的工匠精神。

3. 新时代的人才应该学会创新

创新是引领发展的第一动力，在“大众创业，万众创新”的今天，人人都可以创新成才，也急需人人创新成才。面对各领域创新发展的共性需求，新时代的人才必须具备创新意识和创新思维，且必须要有创新的勇气和决心。唯有与时俱进、开拓创新，才能不断开创国家各项事业的新局面。

总之，21 世纪是一个丰富多彩、充满希望的时代，在这个高科技的时代，竞争会更加激烈。单一型的人才已经不足以适应新需求，只有那些既有知识，又有技能，且具备创新意识的复合型人才才是当今社会所需要的。

（三）职业理想成就精彩人生

职业理想是指个人对于未来职业的向往和追求，既包括对将来从事职业种类和方向的追求，也包括在所从事职业中对所能达到的职业成就的追求。作为人生理想的重要组成部分，职业理想体现了人们的职业价值取向，指导着人们的职业方向和职业选择。在职业生涯中，只有确立了职业理想，才能明确前进的方向。

互动空间

三百六十行，行行出状元。请同学们各抒己见，描述一下你的职业理想。

1. 职业理想是人生发展的方向标

“理想是灯，照亮夜行的路”，人生发展的目标需要通过职业理想来确立并实现。确定了职业理想，就等于为自己确定了奋斗目标。

名言警句

理想是石，敲出星星之火；理想是火，点燃熄灭的灯；
理想是灯，照亮夜行的路；理想是路，引你走到黎明。

——流沙河《理想》

2．职业理想是人生发展的力量源泉

职业理想源自现实但高于现实，它需要我们以坚韧不拔的毅力、积极进取的精神和开拓创新的行动去为之奋斗，将其转变成美好的现实。职业理想作为一种可实现的目标，是人们实现职业愿望的精神支柱和力量源泉，它将激发人的无限潜能。

互动空间

有些中职毕业生因社会上职业类型众多而感到眼花缭乱，不知该往哪个方向走，进而产生了听天由命的想法。请你分析这种想法，并提出你的建议。

3．职业理想促进正确就业观和成才观的树立

为实现职业理想，需要树立正确的就业观和成才观，其具体表现为“一降、二升、三适应”。

一降，即降低就业期望值。这要求我们及时调整自己的就业理想和价值取向，有降低就业期待值的勇气。当然，降低就业期待值绝非自我贬低，自我放弃。我们依然可以坚持自己的职业理想，从当前的工作做起，不断提升自己的知识水平和技能，从而为未来实现自己的职业理想打好基础。

二升，即提升自身素质。它主要包括两个方面：一方面，应注意提升自己的求职能力。求职之前，要认清目标用人单位的需求，从而做出有针对性的适岗准备。同时，还应学习一些求职技巧，如简历制作、面试技巧等。另一方面，应注意提升自己的职业能力。通过树立终身学习的观念，真正做到理论联系实际，能够很好地把知识转换成技能，从而为自己长远目标的实现打好基础。

三适应，即适应严峻的就业形势。近些年来，尽管我国经济发展速度很快，但就业形势依然严峻复杂，就业总量压力仍然较大，结构性就业矛盾更加突出。因此，在严峻的就业形势面前，中职生要保持清醒的头脑，正视就业现状，转变就业观念，调适就业心态，切忌好高骛远。

实践活动

“模范人物”访谈活动

在我们身边有许多优秀的模范人物，他们可能是企业的管理者，也可能是车间的技术人员，他们都正在自己的岗位上发光发热。

请以小组（4～6人）为单位，选择一位优秀从业者进行一次深入访谈，了解他的职业经历，体会他的人生之路，并根据访谈内容，写一篇访谈记录（800字以上）。

过程记录

目标人物：

访谈时间、地点：

访谈内容：

心得体会：

活动评价

教师可参考表 1-1 对各小组“模范人物”访谈活动进行评价。

表 1-1　“模范人物”访谈活动评价表

评价标准	分值	分数小计	教师评价
访谈前有充分的准备	20 分		
访谈内容合理、有价值	40 分		
对访谈过程进行有效记录	20 分		
访谈报告能够体现自己的真实感悟	20 分		

第二节 运筹帷幄，决胜千里

透视生活

两种不同的人生

小胡的人生

进入中职的第一年，小胡就对自己未来的职业有了想法，他想在上海某企业争取人事助理的职位。经过对人事助理职位的调查，他了解到这类职位的要求如下：必须掌握人力资源管理相关理论知识；具备助理人力资源管理师证书；具备一定的人力资源管理的实践经验。

于是，小胡在剩余的两年时间里，根据人事助理职位的要求，培养自身相关职业素质，考取助理人力资源管理师证书，掌握人力资源管理相关理论知识，进入一些名企实习积累实践经验，参加社团活动培养自己的组织能力和沟通能力等。毕业后，他如愿进入了上海这家名企并争取到他所期望的人事助理职位，实现了“人职匹配”。

小丽的人生

汽车销售专业毕业的小丽是一个有三年多工作经验的女生，先后在某外企和某餐饮企业工作，然而现在的她满脸疲惫和郁闷（见图 1-4）。

她说：“我已经失业四个月了，真烦人。四年前，我从中职毕业，学的是汽车销售专业，但我不喜欢，更不想以此为职业。我英语很好，学校社团的工作经验让我具备了很强的沟通、交际能力。毕业后，我顺利通过三轮面试，成为一家外企的前台，工资远远高于其他同学，大家都很羡慕我。但是，入职一段时间后，我感觉这份工作很无聊，也很难学到新东西。”于是，在一年合同期满的时候，小丽毅然离开了那家外企。

不久后，小丽在报纸上看到一家刚刚进入中国的跨国餐饮集团在招聘，觉得很新鲜，就去试了试，结果被安排到门市部工作，直接接触客户，这份工作小丽一干就是两年多。可是，小丽逐渐发现，这个企业人际关系复杂，自己要想升职几乎是不可能的。“辞职”的念头再一次出现了。仔细考虑了一段时间后，小丽认为自己肯定能找到更好的工作，于是又一次坚决地辞职了。然后，她给自己放了三个月的长假，调整好心态和身体后开始继续寻找新的工作。

四个月过去了，她投递了 70 多份简历，也在各大网站上发了求职信，甚至不提工资、不问待遇。然而让她意想不到的是，她只得到了零星几个回复，并在简单的一轮、二轮面试之后，就没有了下文。小丽很苦恼，她想不明白为什么自己连一份普通工作都找不到。

图 1-4　郁闷的小丽

议一议

（1）小胡和小丽在找工作上为什么会有如此大的差别？

（2）如果你是小丽，你会如何设定自己的职业目标？

一、职业与职业生涯

凡事预则立，不预则废。对于职业生涯而言也是如此，有梦想才能积极进取，有目标才能勇往直前。

（一）认识职业

职业是指人们所从事的比较稳定的有合法收入的活动。能称为职业的活动必须具备三个条件：一是有专门的分工；二是比较稳定，从事某种职业达到一定时间；三是有一定的合法收入。

互动空间

下列哪些是职业，哪些不是？简单叙述理由。

A. 教师　B. 公交车司机　C. 快递员　D. 调味品品评师

E. 护士　F. 社区工作者　G. 乞丐　H. 志愿者

I. 街头艺人　J. 在社区参加社会实践的中职生

1. 职业的特点

（1）专业性

每一种职业都有一定的技术含量和技术规范要求。常言道，隔行如隔山。人们在从事某一职业之前，一般要接受特定的专业知识教育，并进行专门的技能或操作训练。随着经济社会的发展，职业对专业技术的要求越来越高。

（2）多样性

俗话所说的“三百六十行”在一定程度上反映了职业的多样性。随着社会分工越来越细，人们的生活需求越来越丰富，职业种类也呈现出更加多样化的特点，这为个人规划自己的职业生涯提供了更为广阔的空间。

（3）时代性

职业的产生和演变与时代的发展和变化紧密相关。高科技时代催生了一批批新的职业，一些传统职业则不断被淘汰。这就要求个人顺应时代的要求，不断更新自己的知识，根据时代的变化调整自己的职业生涯规划。

2．职业的分类

社会中现有的职业能够依据一定的分类原则，采用一定的标准和方法，进行全面、系统的划分。2015 年，我国最新颁布的《中华人民共和国职业分类大典》，按照从业人员工作性质，将我国职业分为 8 个大类、75 个中类、434 个小类、1 481 个细类。其中，细类是最基本的类别，即我们通常所讲的职业。其中，8 个大类分别如下。

第一大类：国家机关、党群组织、企业、事业单位负责人，包括 5 个中类，即① 中国共产党机关负责人；② 国家机关负责人、民主党派和工商联负责人；③ 人民团体和群众团体、社会组织及其他成员组织负责人；④ 基层群众自治组织负责人；⑤ 企事业单位负责人。

第二大类：专业技术人员，包括 10 个中类，即① 科学研究人员；② 工程技术人员；③ 农业技术人员、飞机和船舶技术人员；④ 卫生专业技术人员；⑤ 经济和金融专业人员；⑥ 法律、社会和宗教专业人员；⑦ 教学人员；⑧ 文学艺术、体育专业人员；⑨ 新闻出版、文化专业人员；⑩ 其他专业技术人员。

第三大类：办事人员和有关人员，包括 3 个中类，即① 办事人员；② 安全保卫和消防人员；③ 其他办事人员和有关人员。

第四大类：商业、服务业人员，包括 15 个中类，即① 批发与零售服务人员；② 交通运输、仓储和邮政业服务人员；③ 住宿和餐饮服务人员；④ 信息传输、软件和信息技术服务人员；⑤ 金融服务人员；⑥ 房地产服务人员；⑦ 租赁和商务服务人员；⑧ 技术辅助服务人员；⑨ 水利、环境和公共设施管理服务人员；⑩ 居民服务人员；⑪ 电力、燃气及水供应服务人员；⑫ 修理及制作服务人员；⑬ 文化、体育和娱乐服务人员；⑭ 健康服务人员；⑮ 其他社会生产和生活服务人员。

第五大类：农、林、牧、渔、水利业生产人员，包括 6 个中类，即① 农业生产人员；② 林业生产人员；③ 畜牧业生产人员；④ 渔业生产人员；⑤ 农、林、牧、渔业生产辅助人员；⑥ 其他农、林、牧、渔业生产及辅助人员。

第六大类：生产、运输设备操作人员及有关人员，包括 32 个中类，即① 农副产品加工人员；② 食品、饮料生产加工人员；③ 烟草及其制品加工人员；④ 纺织、针织、印染人员；⑤ 纺织品、服装和皮革、毛皮制品加工制作人员；⑥ 木材加工、家具与木制品制作人员；⑦ 纸及纸制品生产加工人员；⑧ 印刷和记录媒介复制人员；⑨ 文教、工美、体育和娱乐用品制作人员；⑩ 石油加工和炼焦、煤化工生产人员；⑪ 化学原料

和化学制品制造人员；⑫ 医药制造人员；⑬ 化学纤维制造人员；⑭ 橡胶和塑料制品制造人员；⑮ 非金属矿物制品制造人员；⑯ 采矿人员；⑰ 金属冶炼和压延加工人员；⑱ 机械制造基础加工人员；⑲ 金属制品制造人员；⑳ 通用设备制造人员；㉑ 专用设备制造人员；㉒ 汽车制造人员；㉓ 铁路、船舶、航空设备制造人员；㉔ 电气机械和器材制造人员；㉕ 计算机通信和其他电子设备制造人员；㉖ 仪器仪表制造人员；㉗ 废弃资源综合利用人员；㉘ 电力、热力、气体、水生产和输配人员；㉙ 建筑施工人员；㉚ 运输设备和通用工程机械操作人员及有关人员；㉛ 生产辅助人员；㉜ 其他生产制造及有关人员。

第七大类：军人。

第八大类：不便分类的其他从业人员。

互动空间

今后你所希望从事的职业分属我国最新颁布的《中华人民共和国职业分类大典》的哪个大类，哪个中类？

（二）了解职业生涯

职业生涯是指个体一生中从事职业的全部历程，包含了一个人所有的工作、职业、职位及其变更，以及个人态度和内心的成长与体验。

1．职业生涯的特点

（1）独特性

每个人的个体状态不同，所从事的职业不同，其职业生涯也会有很大的不同。由于多年从事的专业岗位的历练，每个人无论在生理、心理、习惯上，还是在行为模式上，都会打上所在岗位的烙印，从而形成不同的职业生涯状态。

（2）发展性

每个人的职业生涯都是一种发展、演进的动态过程，是个体逐步实现其职业生涯目标，并不断计划和实施新目标的过程。这个发展过程有两种形式：一是职务的升迁，是指在同一职业甚至同一单位中，个人职位的不断晋升；另一种是职业的改变，是指个人所从事工作内容的改变。

（3）阶段性

每个人的职业生涯过程都可分为不同的阶段，各个阶段是紧密相连的。一般来说，前一阶段的状态是后一阶段的基础，前一阶段的状态越好，后一阶段的状态也越好。

（4）终生性

一个人由幼年到老年是一个自然发展的过程，必须遵循由盛到衰的规律。人们在这个

过程中不断地蜕变、成长，职业生涯也随之成为一种动态发展的历程。正确认识职业生涯的终生性特点，可以使个体正确地认识自己、做好规划，不使自己留下遗憾。

（5）互动性

职业生涯是个人与他人、个人与环境、个人与社会互动的结果。从长远来看，职业生涯发展的关键在于人的自身及其与外部互动的水平。

2. 职业生涯的发展阶段

职业生涯的发展阶段一般以工作年限划分，每一阶段都有不同的任务。具体来说，职业生涯的发展可分为以下五个阶段。

第一阶段：职业准备。一般从 14～15 岁开始。该阶段的主要任务是发展职业想象力，对职业进行评估和选择，接受必需的职业教育。

第二阶段：就业与择业。一般集中在 17～30 岁。该阶段的主要任务是在获取足够信息量的基础上，尽量选择一个合适的、较为满意的职业，并在一个理想的企业中获得一份工作。

第三阶段：职业生涯初期。一般在就业后一两年到 40 岁。该阶段的主要任务是学习职业技术，提高职业能力，了解与学习组织纪律和规范，逐步适应和融入组织，为未来的职业成功奠定基础。

第四阶段：职业生涯中期。一般为 40 岁及之后的工作时间。该阶段的主要任务是对早期的职业生涯进行重新评估，强化或调整自己的职业理想，调适职业方向，努力工作，有所成就。

第五阶段：职业生涯后期。一般为退休前几年。该阶段的主要任务是继续保持已有的职业成就，维护尊严，准备退休。

二、职业生涯规划

职业生涯规划和职业价值观

职业生涯规划是指在对职业生涯的主客观条件进行测定、分析、总结的基础上，对自己的兴趣、爱好、能力、价值观、职业素质等进行综合分析与权衡，确定最佳的职业奋斗目标，并为实现这一目标做出行之有效的安排。简单地说，职业生涯规划就是规划从开始工作到退休的整个职业历程。

（一）职业生涯规划的类型

职业生涯规划按规划时间的长短可分为人生规划、长期规划、中期规划和短期规划四种类型。

1. 人生规划

人生规划是指整个职业生涯的规划，若以60岁为普遍退休年龄，大致有40年时间。人生规划用来设定整个人生的发展目标。例如，希望自己未来最终成为一家大型知名企业的董事，等等。

2. 长期规划

长期规划一般指5～10年的规划，主要用来设定较为长远的职业生涯目标。例如，规划30岁时成为一家中型公司的部门经理，40岁时成为一家大型公司副总经理，等等。

3. 中期规划

中期规划一般指2～5年内的目标与任务规划。人们通常把个人职业规划的重点放在中期规划，这样有利于根据实际情况随时进行调整。例如，规划从普通业务员做到业务部经理，或者从大型公司的部门经理转至小公司做总经理，等等。

4. 短期规划

短期规划一般指2年以内的职业规划，主要是规划近期要完成的任务。例如，1年内要学习某个领域的专业知识，掌握某项专业技能，取得一个小成就，等等。

（二）职业生涯规划的原则

中职生进行职业生涯规划时，要立足社会需求、所学专业和本人实际，遵循以下三条基本原则，有的放矢，避免盲目。

1. 职业生涯规划要与社会需求相适应

社会需求是影响职业生涯规划的重要客观条件，如果个人的知识、观念和能力不符合社会的要求，则很难被社会接纳。中职生在进行职业生涯规划时，要看清现实社会与未来的发展趋势，特别要厘清未来职业发展的趋势。

因此，我们要根据社会需要锻炼自己的能力，培养自己的综合素质，完善自己的人格，做到社会需求与个人能力的统一、社会需要与个人愿望的有机结合。

2. 职业生涯规划要与所学专业相匹配

专业匹配是我们进行职业生涯规划的目标之一。每个专业都有特定的培养目标、就业方向和领域，这是职业生涯规划的基本依据。求职过程中如果不能实现专业与职业的匹配，势必付出转换成本，无论是对个人还是对社会而言都是巨大的浪费。

因此，我们在进行职业生涯规划时一定要了解专业，分析专业，强化对专业知识与技能的掌握，以专业特色和能力要求为导向，规划自己的学习与生活，力争实现专业与职业的匹配。

3. 职业生涯规划要与自身实际相结合

职业生涯规划要强调岗位适应性和人职匹配，不能千篇一律。每个人都是独特的，进

行职业规划时一定要认清自己，结合个人特点，给自己找准定位，从而扬长避短，充分发挥自己的优势。

成长故事

一份量身定制的职业生涯规划

小洁性格外向，从小就向往成为一名出色的“白领”。初中毕业后，她进入一所职业学校学习文秘专业。

入校后的第一年，她便着手为自己制订职业生涯规划。她看了很多成功人士的职业生涯规划，但都觉得不合适。为此，她专门请教了老师，老师告诉她，要制订出一份适合自己的职业生涯规划，首先应认清自己的性格、气质、优势、能力，然后还要给自己一个合理的定位。

小洁经过深思熟虑后，认为自己在人际交往与沟通方面有优势，现在所学的专业也比较适合自己。最终，她决定：努力学好专业技能，进一步锻炼沟通能力与表达能力，逐步提高英语水平和计算机操作能力；在校期间，考取文秘英语、计算机等方面的资格证书，将来找一份文秘类的工作。就这样，她制订了一份属于自己的职业生涯规划。

（三）职业生涯规划的作用

1．职业生涯规划有助于自我分析

通过职业生涯规划可以充分认识自我，不断提升自我。在进行职业生涯规划时，个体会对自己进行评估，正确认识自己在个性、能力和兴趣等方面的优势和劣势。在将自己的优势和劣势进行对比分析后，可以有效确定目标，使个体不断地在各个方面提升自我。

2．职业生涯规划有助于激发潜能

职业生涯规划可以激发一个人的潜能，增加成功的概率。一个人有了自己的奋斗目标，也就有了前进的动力。在目标的指引下，人们往往会唤醒自己的潜能，爆发出惊人的力量。

3．职业生涯规划有助于明确目标

职业生涯规划能够使自己的奋斗目标更明确，同时增强自身发展的目的性与计划性。职业生涯规划是在充分认识自我和对外界环境进行评估的基础上做出的职业选择。有了自己的职业目标和职业方向，也就确定了自己的奋斗方向，从而使自己的活动有了很强的指向性。

4．职业生涯规划有助于实现理想

如果对自己的职业生涯没有科学的规划，再正确、再崇高的职业理想也会成为空中楼

阁。做好职业生涯规划，就是为了更好地实现职业理想，更充分地发挥职业理想的导向作用和动力作用。通过规划自己的职业生涯，可以更加明确自己的发展目标和努力的方向；可以细化实现目标和理想的具体措施，使其更具有可操作性，使个人做到自我督促、自我激励，使职业理想不再是空洞的口号，而是转化为实实在在的行动。

成长故事

成功属于有理想的人

王红是某中职学校旅游管理专业的学生，她心中一直有个梦想，就是成为一名优秀的导游，带领来自不同国家、不同地区的游客饱览祖国的名山大川，把我国的旅游业向前推进一步。

王红是个有心人，她一直在为心中这个理想而努力。她知道，要成为优秀导游，不仅要具备过硬的专业素质外，还要依靠丰富的实践经验，这样才能为自己赢得更多的机会。

为了实现理想，每逢假日，王红都到旅行社去实习。每次实习，都能给她一些感悟，使她发现自己的优点和不足之处。为了弥补自己的不足，她整天跑图书馆查找和阅读旅游地理方面的书籍，还经常买一些旅游方面的资料，为日后做一名优秀导游打基础。

有了在校的这些积累，毕业后王红很快就被一家知名的国际旅行社录用了。这对她来说，又向心中的理想迈近了一步。现在，她已经是业界小有名气的导游了。

（四）职业生涯规划的步骤

一个系统的职业生涯规划应包含六个基本步骤：觉知与承诺、认识自我、认识工作世界、决策、行动、再评估/成长（见图 1-5），每个步骤都会涉及相应的规划技巧和方法。

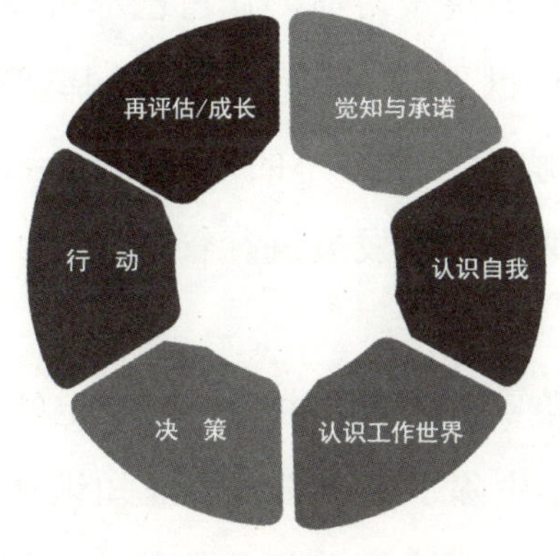

图 1-5 职业生涯规划步骤循环图

1．觉知与承诺

在此阶段，中职生需要阅读职业生涯规划的相关信息和案例，了解职业生涯规划的基本情况，意识到职业生涯规划对于个体发展的重要意义，觉察到现在进行职业生涯规划或者进行再规划（规划的调整和完善）的必要性；愿意花时间规划自己的职业生涯，愿意为自己制订的规划付出努力；明白职业生涯规划是一个过程，是面对职业生涯发展的一种态度，是对自己内心的支撑，未必马上能为自己带来理想工作。

2．认识自我

对自我的认识主要包括了解自己的人格特质、兴趣爱好、价值观、现有技能和能力倾向等。有时候，个体对自我的认识只是片面或表面的，因而在认识自我的时候，可以通过自己的反思进行自我剖析，也可借助他人的眼睛。例如，请家长、教师、同学等对自己进行分析评价；还可以借助专业的职业测评工具进行测试、评定，多方位、多角度认识一个真实立体的自己。

3．认识工作世界

人都生存在一定的环境之中，离开了这个环境，便失去了存在和发展的意义。因此，进行职业生涯规划时必须对自己所处的环境进行充分了解，才能在复杂的环境中趋利避害，使规划更具有现实意义。中职生对工作世界的认识主要包括了解工作世界的宏观发展趋势，具体职业对工作人员的要求，具体职业的工作条件、机会和待遇，校园的专业和职场的职业之间的关系，相应的继续教育方面的选择等。

4．决策

决策是指个人在综合对自我和工作世界的认知后进行的选择，包括对自己职业生涯目标的选择和实施路径的选择，这是职业生涯规划最为关键的一步。在决策过程中，大家可能会遇到一些取舍两难的问题，以及风险与责任的压力，这对尚未进入职场的中职生而言是一个非常好的历练机会。

决策时首先要了解自己平时的决策习惯，让自己尽可能保持一种平衡、客观的心态，然后综合分析“自我”和“工作世界”，在两者之间选择适合自己职业生涯奋斗的目标。当我们把自己的中长期目标分解为一个个小的短期目标后，就有了具体的行动计划和步骤，这样有助于个人对自己的职业生涯发展进行管理。

5．行动

行动是将全部探索和思考落实的阶段，也就是对制定的目标和具体措施一一落实的阶段。例如，在学校学习阶段，学生除了需要学好专业知识外，还应结合自己的职业生涯规划，了解和学习一些与自己规划的未来职业相关的其他知识。

6．再评估/成长

职业生涯规划涉及人和工作的方方面面，由于人或事物都是在变化的，因而职业生涯规划需要经常进行评估和调整。例如，学生的人生观、价值观都处于形成阶段，会随着对社会认识和生命意义理解的加深而改变。又如，随着社会和科技的快速变化，原来所做的职业生涯规划也可能不再合适。

拓展阅读

职业生涯规划的5“W”归零思考模式

1. Who am I?

“我是谁？”是指对自己做一个深刻的反思，全方位地认识自己。例如，对自己的学历、所学专业、兴趣、爱好、动机、能力、特长、技能等做个全面的评估，然后逐一列出。

2. What will I do?

“我想干什么？”这是对自己职业发展的心理趋向的检查，指明了职业发展方向。通常来说，每个人在不同阶段的兴趣和目标不完全一致，甚至是对立的。每个人应该随着年龄和阅历的增长而不断调整自己的目标，最终锁定自己的人生理想。

3. What can I do?

“我能干什么？”这是对自己能力和潜能的全面总结，一个人的职业发展最根本还要归结于个人的能力，而个人发展空间的大小则主要取决于自己的潜力。对潜力的了解可以从自身知识结构、学习能力、兴趣、沟通能力等方面进行重点认识。

4. What does the situation allow me to do?

“环境支持或允许我干什么？”环境支持的客观方面包括本地区的发展状况，如经济发展、人事政策、企业制度、职业空间等；主观方面包括同事关系、领导态度等。应综合环境的两个方面加以分析。

5. What is the plan of my career and life?

“我的职业与生活规划是什么？”通过对上面四个问题的详尽回答，综合分析，便可找准自己的职业定位、职业选择和职业目标，最终形成自己有效的职业生涯规划。

（五）职业生涯规划应注意的问题

1．避免片面

在确定职业目标时，应首先避免片面性。一是避免片面地只考虑某一项条件，而忽视其他影响因素，如只考虑自身兴趣，而忽视自身能力；二是避免片面地只考虑单个职业岗位，而应该有备选方案。

2．避免僵化

世界在发展，社会在进步，人也在变化，所以在进行职业生涯规划时，应考虑到社会需求与个人条件的变化，及时根据其变化做出调整，从而保持职业规划的灵活性。

3．避免自我局限

中国自古以来就有谦虚谨慎的传统，但是也不要低估自己，在进行职业选择时，觉得自己没有资格或能力从事一份更好的职业，因而丧失了更好的发展机会。

拓展阅读

相信自己的小泽征尔

小泽征尔是世界著名的音乐指挥家。一次他去欧洲参加指挥家大赛，在进行前三名决赛时，他被安排在最后一个参赛，评判委员会交给他一张乐谱。小泽征尔以世界一流指挥家的风度，全神贯注地挥动着他的指挥棒，指挥一支世界一流的乐队，演奏具有国际水平的乐章。

在演奏中，小泽征尔突然发现乐曲中出现了不和谐的地方。一开始，他以为是演奏家们演奏错了，就指挥乐队停下来重奏一次，但他仍觉得不自然。于是，他对乐谱提出了质疑。但在场的作曲家和评判委员会权威人士都声明乐谱没问题。

在这庄严的音乐厅内，面对几百名国际音乐大师，他不免对自己的判断产生了动摇。但是经过反复确认，他仍觉得是乐谱有问题，于是坚定地说道：“不！一定是乐谱错了！”喊声刚落，评判台上那些高傲的评委们立即站立向他报以热烈的掌声，祝贺他大赛夺魁。

原来，这是评委们精心设计的考题。前面的选手虽然也发现了问题，但却在权威面前放弃了自己的意见。所以，要相信自己，你永远是自己命运的缔造者。

4．避免不切实际

一个好的职业目标应该是通过自身努力能够实现的，所以职业规划目标不能太低，太容易实现的目标只会让人安于现状，不思进取；也不能太好高骛远，目标定得过高无法实现，容易打击自己的信心。

拓展阅读

职业生涯发展规划表示例

<table>
<tr><td rowspan="3">一般情况</td><td>姓名</td><td></td><td>性别</td><td></td><td>年龄</td><td></td><td>政治面貌</td><td></td></tr>
<tr><td>就读学校</td><td colspan="3"></td><td>院系</td><td colspan="3"></td></tr>
<tr><td>所学专业</td><td colspan="3"></td><td>感兴趣的专业</td><td colspan="3"></td></tr>
<tr><td>规划总目标</td><td colspan="8"></td></tr>
<tr><td colspan="2">起止时间</td><td colspan="3"></td><td colspan="2">年龄跨度</td><td colspan="2"></td></tr>
<tr><td rowspan="3">职业方向</td><td>职业方向一</td><td colspan="2"></td><td colspan="2" rowspan="3">各职业方向所需具备的素质和掌握的技能</td><td colspan="3"></td></tr>
<tr><td>职业方向二</td><td colspan="2"></td><td colspan="3"></td></tr>
<tr><td>职业方向三</td><td colspan="2"></td><td colspan="3"></td></tr>
<tr><td rowspan="5">自我分析</td><td rowspan="5">认识自我</td><td colspan="3">我的气质</td><td colspan="4"></td></tr>
<tr><td colspan="3">我的性格</td><td colspan="4"></td></tr>
<tr><td colspan="3">我的能力</td><td colspan="4"></td></tr>
<tr><td colspan="3">我的兴趣</td><td colspan="4"></td></tr>
<tr><td colspan="3">我的职业价值观</td><td colspan="4"></td></tr>
<tr><td rowspan="4">环境因素分析</td><td rowspan="2">学校环境分析</td><td colspan="3">本专业的课程设置（可另附表）</td><td colspan="4"></td></tr>
<tr><td colspan="3">与未来职业发展有关的课程设置（可另附表）</td><td colspan="4"></td></tr>
<tr><td colspan="4">行业发展趋势与就业环境分析</td><td colspan="4"></td></tr>
<tr><td colspan="4">国家相关政策法规、经济形势分析</td><td colspan="4"></td></tr>
<tr><td rowspan="6">我的现状与规划成功标准之间的匹配分析</td><td colspan="2" rowspan="6">我的优势</td><td colspan="6"></td></tr>
<tr><td colspan="6"></td></tr>
<tr><td colspan="6"></td></tr>
<tr><td colspan="6"></td></tr>
<tr><td colspan="6"></td></tr>
<tr><td colspan="6"></td></tr>
</table>

续表

<table>
<tr><td rowspan="6">我的现状与规划成功标准之间的匹配分析</td><td rowspan="6">我的不足</td><td colspan="2"></td></tr>
<tr><td colspan="2"></td></tr>
<tr><td colspan="2"></td></tr>
<tr><td colspan="2"></td></tr>
<tr><td colspan="2"></td></tr>
<tr><td colspan="2"></td></tr>
<tr><td rowspan="4">征求意见</td><td>家长建议</td><td colspan="2"></td></tr>
<tr><td>教师建议</td><td colspan="2"></td></tr>
<tr><td>同学建议</td><td colspan="2"></td></tr>
<tr><td>朋友建议</td><td colspan="2"></td></tr>
<tr><td rowspan="15">职业生涯规划目标组合</td><td rowspan="4">人生目标</td><td>职业目标</td><td></td></tr>
<tr><td>财富目标</td><td></td></tr>
<tr><td>家庭目标</td><td></td></tr>
<tr><td>社会价值目标</td><td></td></tr>
<tr><td rowspan="4">长期目标</td><td>职业目标</td><td></td></tr>
<tr><td>财富目标</td><td></td></tr>
<tr><td>家庭目标</td><td></td></tr>
<tr><td>社会价值目标</td><td></td></tr>
<tr><td rowspan="4">中期目标</td><td>职业目标</td><td></td></tr>
<tr><td>财富目标</td><td></td></tr>
<tr><td>家庭目标</td><td></td></tr>
<tr><td>社会价值目标</td><td></td></tr>
<tr><td rowspan="3">短期学习生涯目标</td><td>学业规划目标</td><td></td></tr>
<tr><td>生活成长规划目标</td><td></td></tr>
<tr><td>社会活动规划目标</td><td></td></tr>
<tr><td colspan="2">职业生涯中可能面对的困难、风险</td><td colspan="2"></td></tr>
<tr><td colspan="2">困难、风险应对措施</td><td colspan="2"></td></tr>
</table>

实践活动

我的“职业生涯规划+终身学习计划”

目前，国家对于职业教育人才的需求是非常强烈的，也是非常迫切的，制造业的人才缺口需要大量职业教育培养出来的新人才来填补。因此，职业教育在未来的几年之内将会有长足的进步。中职生要认识到，依照兴趣和特长选择合适的职业教育，再配合合理的职业规划和积极向上的学习态度，不仅就业前景可观，人生也可大放光彩。

请结合本章所学，根据前文中职业生涯发展规划表示例为自己制订一个“职业生涯规划+终身学习计划”，并结合该计划制订一个短期学习计划。

过程记录

未来目标：

规划要点：

短期学习计划要点：

心得体会：

活动评价

教师可参考表 1-2 对学生的“职业生涯规划+终身学习计划”和“短期学习计划”进行评价。

表 1-2　“职业生涯规划+终身学习计划”“短期学习计划”评价表

评价标准	评价细则	分值	分数小计	教师评价
职业生涯规划	规划体现对未来所从事行业的大局观	30 分		
	规划紧密结合自己的实际情况	30 分		
	规划有大致的时间节点	10 分		
	规划附有恰当的终身学习计划	30 分		
短期学习计划	计划完整	10 分		
	计划切实可行	20 分		
	计划有层次，目标有阶梯	20 分		
	计划有反馈提升机制	20 分		
	计划可评测	20 分		
	计划有奖励机制	10 分		

第二章 02

认识自我　健康成长

导　语

阳光少年、风华正茂，在这个花一样的年纪，我们首先要学会充分认识自己，了解自己的性格、兴趣与能力，从而合理规划自己未来的职业发展；其次，要不断增强自己敢于直面挫折、战胜困难的勇气；再次，我们应了解青春期的生理与心理特点，树立积极向上的人生观和价值观；最后，我们要学会管控情绪，做情绪的主人。

学习目标

- 认知：了解常见的挫折类型；了解青春期前后的生理与心理差异；了解中职生常见的不良情绪及成因。
- 领会：掌握自我认知的方法。
- 提高：能够分析自己的优势与不足；增强抗挫折能力，树立正确的价值观；学会调适心理困惑，培养健康的性心理；形成自觉管理情绪的意识。

第一节　自我认知，蓄力职场

透视生活

南丁格尔的追随者

章金媛，1929年出生在南昌县名门望族之家，但她却对护理工作有着浓厚的兴趣。1948年，她从江西省高级护士学校毕业，随丈夫到了香港。1949年初，她毅然放弃了在香港富足的生活，带着年仅6个月的儿子回到了南昌，开始追寻她一生的梦想。

章金媛回南昌后，再也没有离开过护理岗位，她在工作中努力创新，从1978年到1990年，她运用运筹学、人体力学、美学等原理创新研究出了节力铺床法、内折叠折铺床法，这些方法至今仍被应用在临床中。她指导年轻护士成功设计出了“三位一体开瓶器”，既节省时间，又便于安全操作。章金媛还设计出一种“移动背负输液架”，以方便患者在输液过程中上卫生间。

退休后，她组织护理界的同行们成立了南昌南丁格尔自愿服务团，为社区居民提供志愿健康指导和帮助。十几年间，他们深入南昌市区及周边县区，并逐渐将范围扩大到全国19个省、数十座城市，为需要帮助的人群提供力所能及的帮助，并把志愿服务酝酿成生命的“本能”，用崇高的职业操守和赤诚之心，书写了一段红十字精神的瑰丽诗篇。2003年，她成为江西省首位南丁格尔奖章获得者。面对记者采访，她说：“南丁格尔一直在我的心里，我一生的足迹都是为了追随她，让我最快乐的事就是做一辈子护士。”

议一议

为什么章金媛能够在职业生涯中取得丰硕的成果？结合自己所学的专业，谈谈你的兴趣对你选择的专业有什么帮助。

一、自我认知概述

（一）自我认知的含义

早在古希腊时期，哲学家苏格拉底就喊出了“认识你自己”的口号，这标志着人类自我意识的觉醒，人们开始对自我进行探索。所谓自我认知，是指认知主体的我对客体的我

进行感觉和观察，从而形成一定的自我概念及自我评价的过程。

（二）自我认知的内容

自我认知包括对生理自我的认知（如性别、身高、外貌等），心理自我的认知（如兴趣、气质、性格及能力等），以及社会自我的认知（如社会角色、人际关系、在群体中的地位等），并由此形成“我是什么样的人”的概念。

（三）自我认知的方法

1. 自我比较

通过自我比较来认识自己的方式通常有两种：一是与过去的自己相比，看自己进步与否；二是与理想中的自我相比，看自己还存在哪些差距，但要注意理想中的自我不可脱离实际。

360 度反馈评估

2. 与他人比较

为避免自我评价的主观性，还应该学会与他人进行比较。但应注意两点：第一，选择合适的标准，比如同别人比较外在是没有意义的；第二，比较的对象应该是与自己条件类似的人，不切实际、相差悬殊的比较没有任何益处，通常只会打击自己的自信心。

名言警句

以铜为鉴，可正衣冠；以人为鉴，可明得失；以史为鉴，可知兴替。

——《新唐书·魏徵传》

3. 借助他人评价

一个人对自己的认识难免有偏差，因此有必要根据他人的评价、他人对自己表现出的言行态度来认识自己。需要注意的是，由于受多种因素的影响，他人的评价也不一定都是完全正确及客观的，个人还应结合自我比较、与他人比较等，来全面、客观地认识自己。

二、性格认知

（一）性格及其分类

性格是指个人对现实的稳定态度和习惯化了的行为方式中所表现出来的个性心理特征。性格的主要分类方式有以下几种。

1. 按心理机能划分

按心理机能划分，性格可分为理智型、情感型和意志型。其中，理智型性格的人注重

思考，是非分明，在大多情况下都能够做到镇定自若、处变不惊、头脑清醒。情感型性格的人感情丰富。情感型性格又可细分为三种类型：一是抑郁型，表现为情绪持续低落、压抑、多愁善感等；二是躁狂型，表现为精神振奋、待人热情、喜欢交往、精力充沛等；三是情感循环型，其特点是抑郁型性格和躁狂型性格反复、交替出现，情感波动较大。意志型性格的人做事果断、目标明确，责任感和自控力较强，不拖泥带水。

拓展阅读

抑郁型性格的代表——林黛玉

林黛玉是中国古典名著《红楼梦》的女主角。或许是由于家道中落，或许是由于父母双亡，又或许是受身体虚弱的影响，林黛玉的性格呈现出多愁善感的特点。因此才有了“黛玉葬花”的经典片段，才有了“侬今葬花人笑痴，他年葬侬知是谁”的千古名句。她敏感、细心、淡泊、真实，自尊自爱，感情丰富，是典型的抑郁型性格。

2．按心理活动倾向性划分

按心理活动倾向性划分，性格可分为内倾型和外倾型。其中，内倾型性格的人认知世界时往往以内在的自我感受为核心，其特点主要有做事犹豫、爱思考、孤僻、退缩、戒备心强、不愿抛头露面等；外倾型性格的人认知世界时往往以外在的客观事物为核心，其特点主要有开朗活泼、兴趣广泛、处事果断、独立性强、不拘小节、喜欢交际等。

3．按核心价值观、注意力焦点及行为习惯综合划分

根据人们核心价值观、注意力焦点及行为习惯的不同，可以把人的性格分为九种（见图 2-1），九型性格的欲望特质及主要特征如表 2-1 所示：

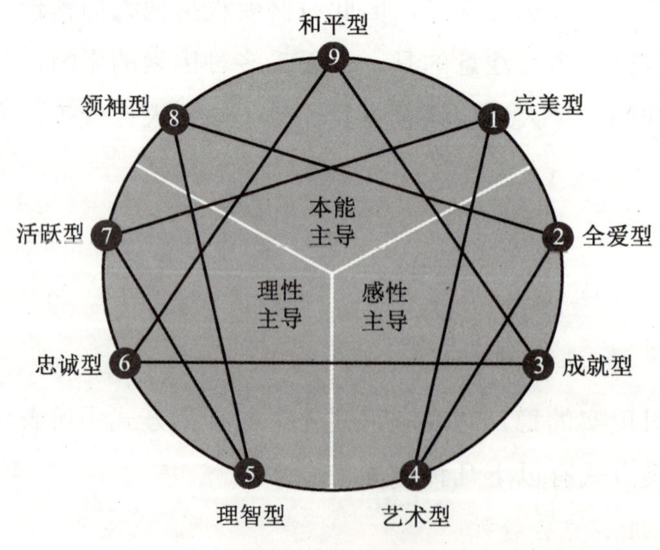

图 2-1　九型性格模型

表 2-1　九型性格的欲望特质及主要特征

序号	性格类型	欲望特质	主要特征
1	完美型	追求不断进步	原则性强，不易妥协，黑白分明，对自己和别人要求甚高，追求完美，感情薄弱
2	全爱型	追求助人为乐	渴望别人的爱或良好关系，甘愿迁就他人，要别人觉得需要自己，常忽略自己
3	成就型	追求成果	好胜心强烈，常与别人比较，以成就衡量自己的价值高低，看重形象，惧怕表达内心感受
4	艺术型	追求独特	情绪化，追求浪漫，惧怕被人拒绝，觉得别人不明白自己，我行我素，易忧郁、妒忌
5	理智型	追求知识	冷眼看世界，喜欢思考分析，对物质生活要求不高，喜欢精神生活
6	忠诚型	追求忠心	做事小心谨慎，多疑，喜欢群体生活，为别人做事尽心尽力，不喜欢受人注视，安于现状
7	活跃型	追求快乐	乐观，追求新鲜感，不喜欢承受压力
8	领袖型	追求权力	豪爽，有正义感，不拘小节，自视甚高，关心公平正义
9	和平型	追求和平	性格温和，善解人意，主见较少，害怕冲突

互动空间

小组讨论：根据九型性格的具体特征，找出每一种性格的代表性人物（如历史人物、现代人物，真实人物、虚拟人物等），他们具体有何表现？举例说明。

4. 按行为方式划分

按人的行为方式划分，性格可分为 A 型性格、B 型性格、C 型性格和 D 型性格。其中，A 型性格的人脾气比较暴躁，遇事容易急躁，不善克制，喜欢竞争，爱显示自己的才华，对人常存戒心等；B 型性格是一种典型的中庸性格，此类性格的人通常不喜欢争强好胜，不贪图名利，不前不后、甘居中游等；C 型性格的人通常表现为害怕竞争，逆来顺受，追求完美，尽职尽责等；D 型性格的人往往会体验到更多的不愉快，包括忧伤、焦虑、紧张等。

5. 按五行属性划分

按五行属性划分，性格可分为金、木、水、火、土五类性格，又称 5D 性格。五种类型有着各自鲜明的性格特征，每类性格可以用 10 个四字词语进行描述，如表 2-2 所示。

表 2-2　5D 性格的性格特征

序号	金	木	水	火	土
1	充满活力	温顺合群	沉默寡言	热情奔放	温和平静
2	刚毅果断	谦虚腼腆	从容不迫	感情丰富	缓慢谨慎
3	自信心强	固执坚持	放松稳定	关注自我	容忍挫折
4	勇敢无畏	脾气随和	自我控制	冲动急躁	容易紧张
5	理性分析	实际现实	善于分析	充满幻想	不喜改变
6	喜欢新奇	保守顺从	埋头实干	喜爱艺术	宽宏大量
7	愤世嫉俗	乐于助人	信任他人	善于言辞	诚恳谦虚
8	争强好胜	坦诚直接	精明机智	猜忌心强	温厚善良
9	行动力强	遵守纪律	细心睿智	彬彬有礼	严格自律
10	追求成就	勤奋工作	有上进心	粗心健忘	坚定信仰

（二）性格与职业发展的关系

1．性格匹配职业

人的性格有很多种类型，而每类性格都有与之匹配的相关职业。根据性格选择职业能够使自己的行为方式与工作相吻合，从而可以更好地发挥自己的聪明才智，更得心应手地驾驭自己的工作。

拓展阅读

职业性格测试

迈尔斯·布里格斯类型指标（Myers-Briggs Type Indicator, MBTI），是一种性格测试方法，主要应用于职业发展、职业咨询、团队建议、婚姻教育等方面，是目前国际上应用较广的人才甄别工具。

MBTI 显示了人与人之间的差异，而这些差异产生于四个方面：

精力支配：外向 E——内向 I　　认识世界：实感 S——直觉 N

判断事物：思维 T——情感 F　　生活态度：判断 J——知觉 P

其中两两组合，可以组合成 16 种性格类型。如图 2-2 所示：

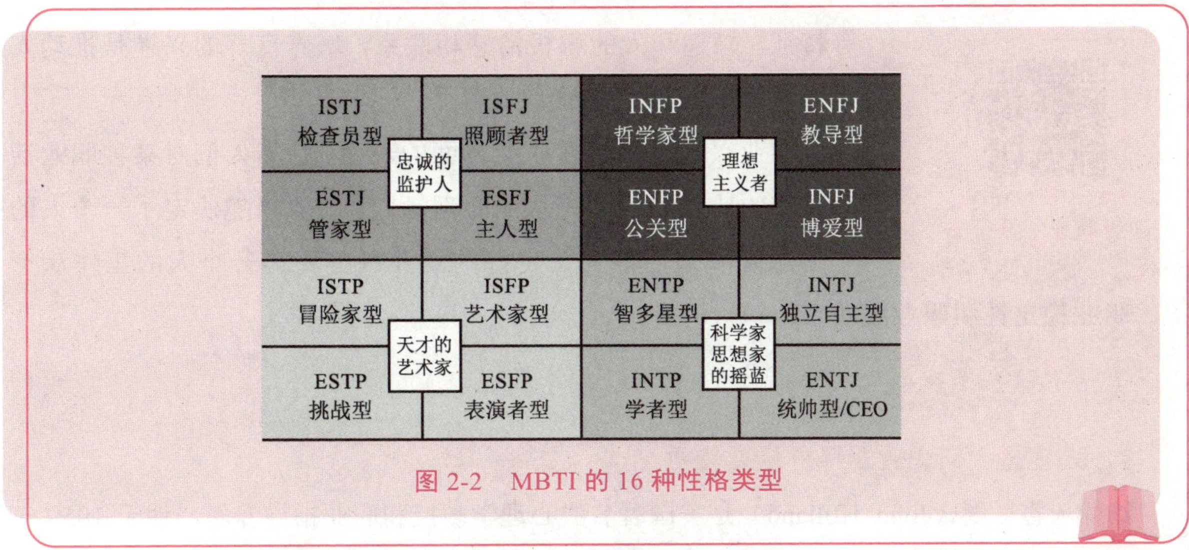

图 2-2 MBTI 的 16 种性格类型

2. 调整性格适应工作

虽然每个人的性格都不能百分之百地适合某个职业，但却可以根据自己的职业倾向来培养、发展相应的性格。例如，容易害羞的人想要从事营销岗位，可以通过学习知识充实自我，有意识地改变形象，或者通过学习社交技巧等方式增强自信。

成长故事

“性格大变”的林肯

当林肯还是肯塔基州哈丁镇的一个孩子时，他性格腼腆、不善言谈。而当林肯成为美国总统后，他变得性格开朗，幽默风趣。林肯不仅学会了以自嘲、调侃、讲大白话等幽默方式来营造内心的愉悦，还提高了自己捕捉生活中各种有趣现象的敏感度。他不仅改变了自己的性格，也改变了自己的命运。更可贵的是，林肯以总统的身份带头讲笑话，使得美国人从早年清教徒不苟言笑的生活方式中彻底解放出来。幽默从此成为美国文化的重要组成部分。

3. 更换工作适应性格

如果一个人的性格与所选择的职业格格不入，那么对他来说工作就可能会变成一种煎熬，工作效率和效果也会因此大打折扣。如果有机会，可以更换一份适合自己性格的工作，这样将更有助于自己未来的职业发展，也更有助于实现自己的人生价值。

三、兴趣认知

（一）兴趣与职业兴趣

兴趣是人认识某种事物或从事某种活动的心理倾向，这种倾向带有稳定、主动、持久

兴趣对职业生涯很重要

等特征。兴趣和人的积极情感相联系，培养良好的兴趣是推动人努力学习、积极工作的有效途径。

职业兴趣是兴趣在职业方面的表现，是指人们对某种职业活动具有的比较稳定而持久的心理倾向。职业兴趣决定了一个人的工作态度和适应能力，良好的职业兴趣将提升个人的工作满意度、职业稳定性和职业成就感。

（二）兴趣与职业发展的关系

1. 兴趣是人们职业选择的重要依据

约翰·霍兰德（John Holland）是美国著名的心理学教授和职业指导专家，他于 1959 年提出了具有广泛社会影响的职业兴趣理论。他认为职业兴趣可分为现实型、研究型、艺术型、社会型、企业型和常规型六种类型，其具体特征与典型职业如表 2-3 所示：

表 2-3　职业兴趣与职业

序号	类型	特征	典型职业
1	社会型	喜欢与人交往，善言谈，愿意教导别人，关心社会问题，渴望发挥自己的社会作用	教育工作者（教师、教育行政人员），咨询人员，公关人员
2	企业型	追求权力、权威和物质财富，具有领导才能，喜欢竞争、敢冒风险，有野心、有抱负，做事有较强的目的性	项目经理，销售人员，营销管理人员，政府官员，企业领导，法官，律师
3	常规型	尊重权威和规章制度，喜欢按计划办事，细心、有条理，习惯接受他人的指挥和领导，缺乏创造性，不喜欢冒险和竞争，富有自我牺牲精神	秘书，办公室人员，记事员，会计，行政助理，图书馆管理员，出纳员，打字员，投资分析员
4	现实型	动手能力强，做事手脚灵活，动作协调，偏好于具体任务，不善言辞，做事保守，较为谦虚，缺乏社交能力	技术性职业（计算机硬件人员、摄影师、制图员、机械装配工），技能性职业（木匠、厨师、技工、修理工、农民）
5	研究型	抽象思维能力强，善于理性思考，喜欢独立的和富有创造性的工作，不善于领导他人，做事喜欢精确，喜欢逻辑分析和推理	科学研究人员，教师，工程师，电脑编程人员，医生，系统分析员
6	艺术型	有创造力，渴望表现自己的个性、实现自身的价值，追求完美，不重实际，具有一定的艺术才能和个性，善于表达，怀旧，心态较为复杂	艺术方面（演员、导演、雕刻家、建筑师、广告制作人），音乐方面（歌唱家、作曲家、乐队指挥），文学方面（小说家、诗人、剧作家）

需要注意的是，兴趣在职业选择中，也并不总是起着正向的驱动作用，有时也会给中

职生带来职业选择的困惑。例如，有的同学因个人兴趣与所学专业不一致，在选择职业时容易陷入两难境地。因此，中职生在客观分析自己兴趣的同时，还要树立正确的人生志向，也可根据社会的需要，选择调整自己的兴趣爱好。

互动空间

根据上述职业兴趣的类型，对自己的职业兴趣进行归类，并分析所学专业与典型职业的匹配度，与同学进行分享。

2．兴趣可以提高工作的效率

在工作过程中，兴趣是一个人努力的原动力。如果一个人选择的职业与自己的兴趣相吻合，那么枯燥的工作也会变得趣味无穷，他会在工作中努力克服困难，不断积极进取，工作效率自然会大大提高。相反，如果一个人选择的职业与自己的兴趣不吻合，那么，他往往就会以消极的情绪对待工作，这样不但会影响工作效率，还会影响个人职业的发展。

3．兴趣是保证职业成功的重要因素之一

根据兴趣选择某种职业，那么兴趣就会变成巨大的个人自觉性和积极性，促使一个人在职业生活中做出成就。反之则会影响自觉性和积极性的发挥，使人难以从职业生活中得到心理上的满足，影响职业成功的实现。

成长故事

兴趣——打开状元之门的金钥匙

一个女孩以优异的成绩从哈佛大学经济及数学系毕业后，进了一家咨询顾问公司工作。两年后，她工作起来已经得心应手，很受老板赏识，也深受客户欢迎，但她却并不能从这份高薪工作中获得快乐，反倒是从小就喜欢的面点制作能够带给她一丝安慰。由于自己没有时间做面点，于是她经常光顾波士顿某家糕点烘焙店，又因为共同的兴趣爱好，她还和那里的大厨成了朋友。有一次，女孩被邀请进了操作间，看到她做出来的面点，大厨惊呼着：“这不是面点，这是艺术！这简直就是艺术!”

后来，女孩也萌生了开一家甜品店的想法。获得父母的理解后，她辞去了那份高薪工作，在波士顿南端的华盛顿街上找了一个合适的店面。虽然每天的工作非常辛苦，但她却干得非常起劲。她做出的甜点大受欢迎，店里每天都人满为患。

她就是在美国有着“巧克力饼干女孩”昵称的华人张柔安，她在自己的书里写道：中国有句古话，“三百六十行，行行出状元”，但是人的兴趣才是打开状元之门的金钥匙。

四、能力认知

（一）能力及其分类

能力是顺利、有效地完成某种活动所必须具备的个性心理特征，是人们成功完成某种活动的主观条件，是人们在社会实践中所表现出的身心力量。能力的高低会直接影响人们从事各种活动的成绩和效果。能力与择业的关系十分紧密，是择业的重要依据。

按照能力的结构可将其分为一般能力和特殊能力。一般能力是指顺利完成各种活动所必需的基本能力，它保证人们有效地认识世界，具体包括观察力、记忆力、想象力、思维能力等；特殊能力是指顺利完成某些特殊活动所必备的专门能力，与职业活动密切相关，如音乐能力、绘画能力、运动能力等。这两种能力并非孤立存在的，一般能力的发展能够为特殊能力的发展提供更好的内部条件，特殊能力的发展也会积极地促进一般能力的发展。

（二）能力与职业发展的关系

1．能力是职业选择的现实基础

我国近代职业教育的倡导者黄炎培先生说："一个人职业和才能相不相当，相差很大。用经济眼光看起来，要是相当，不晓得增加多少效能，要是不相当，不晓得埋没了多少人才；就个人论起来，相当，不晓得有多少快乐，不相当，不晓得有多少怨苦。"因此，中职生对自己的能力要有准确的认识，在择业时，应根据自己的能力扬长避短，精准选择。

具体而言，在进行职业选择时，主要考虑的能力类型通常有六种，其具体概念和典型职业如表 2-4 所示：

表 2-4　能力与职业

序号	类型	概念	典型职业
1	语言表达能力	对文字的理解能力，对词语的运用能力，以及表达自己观点的能力	教师、播音员、推销员、记者、培训师、护士、服务员等
2	空间判断能力	对几何图形的观察能力，以及解决几何问题的能力	裁缝、木工、机床工、电工等
3	动作协调能力	迅速、准确地做出动作和反应的能力	运动员、舞蹈家、飞行员、雕刻家、外科医生等
4	算术能力	迅速、准确地进行算术运算的能力	统计、测量、会计、数学家、工业药剂师等

续表

序号	类型	概念	典型职业
5	手指灵活度	手指能够迅速、准确、协调地操作物体的能力	打字员、外科医生、护士、裁缝、乐师、雕刻家等
6	事务能力	对文字或表格式材料细节的感知能力，对文字的敏感性	编辑、作家、语言学者等

2. 能力是胜任工作的重要保障

无论从事什么职业，都要有一定的能力作为保障。相较于其他学校的教育模式，中职教育更注重实践能力培养，然而并非每个人都能把握住这一机会。在一切社会活动中，尤其是生产、服务一线，没有扎实的知识基础和熟练的操作能力是很容易被淘汰的。“打铁还需自身硬”，中职生要想胜任工作，就必须拥有过硬的专业能力。

3. 能力是推动职业发展的关键因素

能力是推动职业发展的关键因素，没有能力作为支撑的职业理想，只能是空中楼阁。在人才济济的当今社会，要想更好地实现自己的职业理想，中职生应该不断提升自己的职业能力，在工作过程中不断地进行知识和经验的积累，否则很难脱颖而出。

性格认知评价

学完第一节内容，你对自己的性格了解多少？全班分为若干个小组，每个小组围坐在一起，请每位同学先在纸上写出代表自己性格的五个词语（写的过程中注意保密）。然后每位同学根据自己的了解，为右手边的同学写出代表他（她）性格的五个词语，完成后将纸条还给右手边同学。上述过程结束后，每位同学根据本人评价和他人评价的相符程度为自己打分。

过程记录

活动准备工作：

活动实施关键点：

活动实施难点及解决方案：

心得体会：

活动评价

所有同学可参考表 2-5 对各自性格认知的准确性进行打分。

表 2-5　性格认知准确性评价表

评价标准	分值	个数	分数小计	教师评价
自我评价与他人评价完全一致	20 分			
自我评价与他人评价大致相符	10 分			
自我评价与他人评价大相径庭	0 分			
合计	—			

第二节 直面困难，战胜挫折

透视生活

任正非：人的一生太顺利也许是灾难

任正非曾经和其公司人力资源部强调：如果要录用一个人，最主要的是要考虑这个人曾经是不是受过重大挫折，而且已经认识到这个挫折，并做出了改进。他认为，人的一生太顺利也许是灾难，挫折才是一种宝贵的财富，而这样的感悟与他自身的经历是分不开的。

如果去看任正非的回忆文章，就可以看到他的一生充满了苦难、坎坷和挫折。

他少年贫困，能够吃饱饭的次数屈指可数，直到十多岁他才走出大山。曾经有同学从家里拿了个白面馒头给他，任正非装在口袋里吃了两三天。

家境穷苦是一方面，任正非个人受挫是另一方面。他回忆说，那些年在社会上，好像自己时时刻刻都处在人生逆境。刚到深圳的时候，他本来还想从事技术工作，或者搞点科研，做个专家，结果生活没有给他这个机会，他失业了。创业更难，面对那么多的难题和压力，任正非的身体累坏了。他做过两次癌症手术，“噩梦缠绕了我有半年时间，梦醒时常常哭”。

然而就是在“生活所迫、人生路窄”的境况下，任正非创立了华为，并且一步步走向了成功。有时候这个世界是很公平的，你想要最好的生活，那就必须经受最痛的挫折。

议一议

任正非的一生都经历过哪些挫折，这些挫折的来源是什么？你有没有经历过重大挫折？你通常会怎样战胜挫折？

一、认识挫折

（一）挫折的来源

不同的人会因为不同的原因产生挫败感，同一个人在不同时期也会遇到各种各样的挫折。挫折的来源有很多，包括自然、社会、家庭、学校和个人等。

1．自然因素

自然因素是指非人力所能改变的一切客观因素，包括各种由非人为力量所造成的时空限制、天灾地变等，如洪水、地震等自然灾害产生的破坏（见图 2-3），亲人生老病死所带来的挫折等。随着科技的不断发展，人们抵御自然灾害的能力会越来越强，但想要完全避免是不可能的。

图 2-3　洪涝灾害

2．社会因素

社会因素是指人在社会生活中所受到的人为因素的限制，包括一切政治、经济、民族习惯、宗教信仰、社会风尚、道德法律、文化教育的种种约束等。例如，社会上的某些不正之风、不公正的待遇、各种价值观的冲击等，都会对中职生造成影响，使其产生挫败感。

3．家庭和学校因素

家庭是与中职生联系最为紧密的外部环境，无论是家庭的自然结构、教育方式，还是家长的素质和经济状况出现问题，孩子都会直接或间接地受到伤害，从而遭受挫折。

学校的规章制度、教育方式、学习风气等，如果与中职学生的性格、爱好、成长背景等不相符，也容易导致学生产生挫折感。另外，学生如果感觉中职院校的硬件设施或师资力量达不到自己的预期，可能会产生心理落差，从而导致挫折感。

4．个人因素

个人因素包括生理因素和心理因素。生理因素主要包括个体与生俱来的外在、健康状况等因素，心理因素包括个人的需求、动机、气质、性格等。具体来说，导致中职生挫折感的心理因素主要包括人格不够健全，经验不足，能力欠缺，认知方式不正确，个人抱负水平过高，需求得不到满足等。

（二）中职生常见的挫折

1．学业挫折

对于中职生来说，学习是未来立足社会、提高自身竞争力、谋求自身发展的前提和基础，每个人都希望自己能够掌握正确的学习方法，取得良好的学习成绩，但这却不是每个人都能做到的。理想与现实的差距很容易给中职生造成一定的困扰，导致挫败感的产生。

与挫折共舞

2．人际交往挫折

在学校，来自五湖四海的学生因为语言不同、性格各异、生活习惯相差较大，以及社会交往经验、技巧不足，不可避免地会发生摩擦和冲突。本来外出上学就让很多学生因远离熟悉的家乡、父母和同学

感到忐忑不安，一旦出现人际关系方面的挫折，就会加剧他们的孤独和无助，令他们产生压抑和焦虑心理。

3．就业挫折

目前，随着毕业生人数的日益增加，人才市场竞争更加激烈。因此，相当多的中职生在就业过程中都曾经体验过各种就业挫折（见图 2-4）：有的学生缺乏自信，瞻前顾后，没有主见；而有的却趾高气扬，盲目自大，结果高不成，低不就。

图 2-4　就业挫折

互动空间

小明是某中职学校 15 岁的男生，想以优异的学习成绩来显示自己的才能。但由于心理压力过大，学习成绩不升反降，他开始出现了处处不如人的严重挫败感。假如你们是小明的同学，该怎么帮助他战胜挫折、重拾自信呢？

二、增强抗挫折能力

由于挫折的来源具有复杂性，所以我们通常无法做到完全避免挫折，能做的只有增强抗挫折能力，将挫折带来的伤害降至最低。

（一）正确认识挫折，改变不合理观念

挫折具有普遍性，是人生的一个组成部分。同时，挫折具有两面性，消极影响和积极影响共存。经历挫折在所难免，但如果能变阻力为动力，那么所处的逆境或许会成为一种机遇。此外，与挫折做斗争的过程也能磨炼意志，促进个人发展。

此外，一些不合理的观念也会导致人们出现强烈的挫折感。例如，认为挫折不应该发生在自己身上、以偏概全地看待自己和他人、无限夸大挫折的后果等。只有改变这些不良

的认知方式和错误观念，才能客观地评价挫折带来的结果，进而从挫折中获得成长。

成长故事

在大海上航行的船没有不带伤的

荷兰福勒船舶公司有这样一艘船：它自 1894 年开始下水，在大西洋上曾 138 次遭遇冰山，116 次触礁，13 次起火，207 次被风暴扭断桅杆，却从没有沉没过。

英国劳埃德保险公司基于它不可思议的经历及在保费方面给公司带来的可观收益，最后决定把它买回来捐给国家，现在这艘船就停泊在英国萨伦港的国家船舶博物馆里。

不过，使这艘船名扬天下的却是一名来此观光的律师。当时，这位律师刚打输了一场官司。尽管这不是他的第一次失败辩护，但每当遇到这样的事情，他总有一种负罪感。

当他在萨伦船舶博物馆看到这艘船时，忽然有一种想法，为什么不让他们来参观参观这艘船呢？于是，他就把这艘船的历史抄下来，和这艘船的照片一起挂在他的律师事务所里，每当商界的委托人请他辩护，无论输赢，他都建议他们去看看这艘船。它使我们知道：在大海上航行的船没有不带伤的。

（二）对挫折进行正确归因

当个体遭遇挫折后，要冷静、客观地对挫折做出符合实际的准确归因。例如，有些造成挫折的因素通过努力是可以改变的，如提高自身认识水平，避免因为主观认知的原因放大了暂时的困难和逆境。还有一些造成挫折的因素是无法改变的，面对无法改变的挫折因素，我们要学会接受不完美的自己，从其他方面提升自己的能力，去创造属于自己的成功。

（三）做出积极行为反应

1. 升华

以积极的心态看待挫折，将挫折转化为一种激励的力量。所谓“屡战屡败，屡败屡战”“越挫越勇”就是这种在挫折面前自我激励的情绪状态。

成长故事

天空的立法者——开普勒

德国天文学家开普勒，从童年开始便多灾多难，在母腹中只待了七个月就早早出生。后来，天花让他的脸上布满了瘢痕，猩红热又弄坏了他的眼睛。但他凭着顽强的精神发奋读书，学习成绩遥遥领先于他的同伴。后来因父亲欠债，他失去了读书的机

会，于是便开始边自学边研究天文学。

在之后的生活中，他又经历了患病、良师去世、妻子去世等一连串的打击，但他仍未停下天文学研究。终于在 59 岁时，他发现了天体运行的三大定律。

在这一生中，开普勒把一切不幸都化作了推动自己前进的动力，以惊人的毅力摘取了科学的桂冠，成为“天空的立法者”。

2. 补偿

所谓补偿，是指个体因某方面的缺陷而无法达到期望的目标时，以其他方面的成功来弥补先前的遗憾与损失的方式。

成长故事

想当作家的书法家——张文举

有个叫张文举的农民，从小就梦想成为作家，因此，他坚持每天写作 500 字。尽管他很勤奋，但却从来没有一篇文章发表，甚至连退稿信也没收到过。他没有放弃，咬紧牙关努力了整整十年。

二十九岁那年，张文举意外接到了一个电话。那是他多年来坚持投稿的刊物的编辑打过来的，他说：“你很努力，但我不得不遗憾地告诉你，你的知识面过于狭窄，生活经历也过于苍白。不过从你多年的来稿中发现，你的钢笔字写得越来越好……”一番恳切的话语，拨开了张文举心中的云雾，他毅然放弃了写作，专心练习硬笔书法，果然，他进步很快，后来成了一位很有名气的硬笔书法家。

3. 幽默

遇到挫折，以看似轻松、令人发笑的语言对挫折的原因或遭受挫折以后的后果进行解说，使人的心理紧张或愤怒感暂时消失的艺术，就是幽默。幽默反映出一个人看待挫折成败的一种超然的心态和智慧。

4. 寻求改变

在遭遇挫折后，发现原有的方法无法发挥作用、帮助实现目标时，可以改变原有的行为方式，寻求其他可能解决问题的方法。

5. 适时宣泄不良情绪

宣泄是指利用语言或行为，在较短的时间内将可能危害健康的、过度的情绪发泄出来，使自己的精神得到有益的调整。常见的宣泄方式有语言宣泄（如找人倾诉、唱歌、呼喊等）、行为宣泄（如跑步、快走、拳击、书写、哭泣等）。

互动空间

2020年7月7日12时许，贵州省安顺市某公交车司机因不满折迁决定，蓄意报复社会，于工作时间饮酒后将公交车径直开到对面车道，导致公交车撞坏栏杆后坠入水库，最终致21人死亡，15人受伤。了解了这一事件后，你认为进行不良情绪宣泄的过程中应该注意什么问题？

（四）主动寻求社会支持

良好的人际关系可以满足人的归属需要、情感需要、社会认可需要等，是提高中职生应对挫折能力的有效手段。心理学研究表明，一个人与他人一起处于挫折压力之中时，可以降低消极情绪体验。另外，良好人际关系的存在也能保证个体在遭受挫折之后，可以积极主动地寻求他人的支持和帮助，从外界获得信息、方法和策略。

如果自己无法走出挫折的阴影，也不能获得家人、朋友的帮助，可以尝试进行心理咨询，通过心理咨询来调适情绪。

拓展阅读

心理咨询常见的误区

心理咨询是心理咨询师运用心理学的知识、理论和方法，为来访者提供帮助的过程。但是，很多中职生由于对心理咨询不了解而存在偏见，往往不愿意寻求心理咨询师的帮助。心理咨询常见的误区有以下几点：

误区一　心理咨询是件丢人的事

很多中职生认为心理咨询是一件难为情的事，怕因此受到周围人的歧视和猜疑，甚至怕被当成精神病人看待。其实每个人都会时常出现一些心理困扰，而心理咨询是预防心理障碍的有效方法，是促进人的成长与发展的最佳途径之一。

误区二　心理咨询就是聊天

心理咨询是心理咨询师基于心理学的专业理论和技能知识，结合医学、社会学、教育学等多方面的知识与来访者进行的谈话，有着科学的理论体系和严格的操作规程。因此，心理咨询完全不同于朋友间的聊天、亲友的劝解安慰、老师的教育等。

误区三　一次心理咨询就可以解决问题

由于对心理咨询不了解，中职生往往幻想着一次心理咨询就能把自己长期的压抑与痛苦一扫而光。然而“冰冻三尺，非一日之寒”，许多心理问题都是长时间

累积的产物，甚至已经性格化，难以在短时间内有所改变。此外，心理咨询师可以协助来访者学会用更有效的方式对待自己、对待他人和生活中的各种困惑，但不可能包办解决来访者的问题。

互动空间

你有哪些行之有效的、能够战胜挫折的方法？至少选取一种与同学们进行分享。

三、珍爱生命，热爱生活

（一）生命的意义

就个体而言，生命的意义贯穿整个人生过程。我国著名哲学家张岱年说过，人之所以为人，应该具备两个条件：一是拥有独立人格，二是有社会责任感。个人的成长过程就是个人从不完整的人成长为完整的人，不断提高自我认识能力和社会责任感的过程。因此，生命的意义在于它能够满足人的需要，还在于它对社会的贡献及社会对这个生命的尊重与满足。

从个体命运和人类命运的角度来看，一方面，个体生命过程是人类发展的一个阶段，人类的命运决定了个体的命运；另一方面，个体都会死亡，但人类通过繁殖后代，实现了整体的人类生命的生生不息，这种死亡和新生的不断交替，又构成了人类的基本命运。人类命运与个体命运的相互联系、互相依存，这也是生命的意义所在。

名言警句

人最宝贵的是生命。它给予我们只有一次。人的一生应当这样度过：当他回首往事时不因虚度年华而悔恨，也不因碌碌无为而羞愧。这样在他临死的时候就能够说："我已把我整个的生命和全部精力都献给最壮丽的事业——为人类的解放而斗争。"

——《钢铁是怎样炼成的》

（二）提升人生价值

1．了解自己的价值观，过幸福的人生

卢梭说："生命本身没有任何价值，它的价值在于怎样使用它。"价值观具有独特性，不同的环境会催生不同的价值观；价值观又具有共同点，人人都可以通过践行自己的价值观获得幸福感。例如，白方礼老人节衣缩食，靠蹬三轮车资助了 300 多名贫困学生（见图 2-5）；川航机长刘传健，面对突发状况临危不乱，用过硬的技术保障了全机 119 名旅客的生命安全；王继才夫妇以海岛为家、与孤独相伴，把几十年青春年华全部献给了祖国的海防事业……不同的人，在各自不同的位置上，通过各种不同的方式实现了自己的价值，发现了生命的真谛，从而将人生变得幸福而又具有意义。

图 2-5　白方礼老人生前蹬车照片

2．为了目标不懈努力，过充实的人生

对生命意义的探求使人在不同人生阶段确立了不同的生活目标，在实现目标的过程中感受生活的充实、丰富和精彩。一个人只有理解并承担生活中的责任，才会感到满足和充实，才能真正体会到生活的乐趣和意义。

实践活动

一起去兼职

无论是在校期间，还是步入职场之后，人的一生总会遇到各种各样的挫折。为提前感受参加工作之后的生活，增强抗挫折能力，学生可在空余时间从事一项兼职工作，地点可选择学校食堂、超市等。

过程记录

兼职计划：

兼职进展情况说明：

兼职过程中的难题及解决方案：

心得体会：

活动评价

兼职地点的领导可参考表 2-6 对各位同学兼职期间的工作表现进行评价。

表 2-6 兼职成绩评价表

评价标准	分值	分数小计	教师评价
工作态度和工作能力	30 分		
细心程度和服务意识	20 分		
人际交往能力	20 分		
抗挫折能力	30 分		
合计	100 分		

第三节 健康心理，驱散烦恼

透视生活

晕倒的苗苗

苗苗是温州一所职校的二年级学生，身高158厘米，开学时体重为45.5千克，但她对这样的体形并不满意。为了减肥和保持身材，在之后的一年多时间里，苗苗每日三餐都不吃米饭、面等主食，只吃黄瓜、西红柿等一些清淡的蔬菜和水果，偶尔喝一点葡萄糖，有时候晚上甚至不吃任何东西。

后来有一天，苗苗因身体虚弱晕倒在路边，被同学送往医院输液治疗。医生说她晕倒是长期不吃主食产生胃痉挛，加上营养严重不良而导致的。医生告诫苗苗说，她现在还处于发育期，减肥会严重影响身体的生长发育。而且她这种减肥方法是不合理的，以谷类为主的主食中含有大量的淀粉，人进食后会转化为葡萄糖，供给人体必需的能量，葡萄糖只有超量才会转为脂肪。而完全不吃主食，该补充的能量不能供给，时间长了就会因能量不足而引起昏厥。苗苗这才深刻认识到了自己的错误。

议一议

你身边是否有人和苗苗一样？你如何看待这种做法？

一、中职生生理与心理发展的特征

中职生正处在生长发育的关键阶段——青春期，势必会出现各种各样的疑惑。了解中职生生理与心理发展特征，将有利于中职生正确认识自己的变化，接纳自己的性别身份，从而驱散烦恼，健康成长。

（一）中职生生理发展的特征

1. 身高和体重的变化

青春期是生长发育的第二个高峰期，在这一阶段，人的体型通常会出现比较大的变化。一般来说，整个青春期女生会增高25厘米左右，男生会增高28厘米左右。身高的增长标志着骨骼的增长，先是下肢增长，然后是脊柱伸长。在身高急剧增加的同时，青少年体重

往往也会迅速增加。青春期前体重以平均每年 2～4 千克的速度增加，到青春期可以每年 5～8 千克的速度增加。体重增加是骨骼、肌肉、脂肪和内脏共同作用的结果。中职生已经处于青春期发育的中后期阶段，这时候有些人身体的生长速度逐渐减慢，体型已基本接近成人的标准，趋于成熟，如图 2-6 所示。

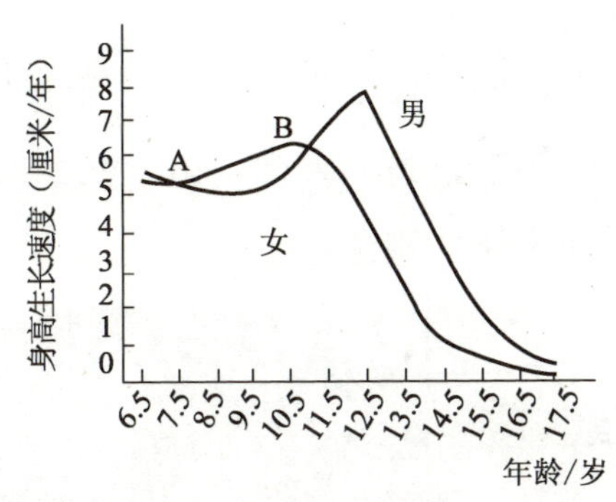

图 2-6　男性、女性身高生长速度示意图

2．性发育和性成熟

男女两性生殖器官的差异为第一性征，进入青春期后，男女两性除了生殖器官以外的外貌特征区别，叫作第二性征。男性的第二性征主要表现在喉结突出、声音变粗、长胡须、出现阴毛和腋毛；而女生主要表现在声音变高亢、乳房发育、骨盆变宽，阴毛和腋毛也相继出现。

在“下丘脑-垂体-性腺”调节轴作用下，男生的睾丸体积增大，能够产生精子和分泌雄性激素，出现遗精现象。女生的卵巢重量增加，能够产生卵子和分泌雌性激素，出现月经现象。遗精和月经的出现，分别标志着男生和女生已达到性成熟，具有了生育的能力。

3．心、肺、脑的功能渐趋完善

中职生的心肌增厚，心缩增强，心功能显著提高，心脏每搏输出量可达到 60～70 毫升，已接近成人水平。一般而言，一个人 10 岁时肺活量只有 1 400 毫升左右，到 14～15 岁时肺活量可明显增大到 2 000～2 500 毫升。中职生的脑和神经系统发育已基本成熟，但距离完全成熟还有一定的时间，这时候的内分泌腺还十分活跃，产生的激素促进了中职生脑和神经系统的兴奋，具体表现为：情绪易受影响；推理与论证能力显著提高，容易接受新生事物，思维的可塑性较强。

（二）中职生心理发展的特征

1．情绪特征

中职生的情绪通常具有三个方面的特征：第一，情绪体验丰富多彩。中职生在心理未成熟向成熟发展的过渡期，情绪表现既有天真幼稚，又有深思熟虑。同时，不同个体在情感发展、情绪表现上呈现出一定的差异性，男女的情绪也各有特点。第二，情绪的波动较大。同成年人相比，中职生的情绪带有明显的波动性，他们可能因为一件事情的成功而欣

喜若狂、激动不已，也可能会因为一点挫折而沮丧懊恼、垂头丧气，情绪在两端间有明显的跌宕。第三，情绪和情感体验的深刻性和稳定性不断发展。随着认知水平的提高、知识经验的累积，部分中职生已经有了较强的情绪控制能力，情绪趋于稳定，情绪和情感内容的社会性也不断地深刻化。

2. 人际交往特征

中职生正处于人生的探索期，一方面他们拥有“友谊至上”的观点，渴望与人交往，渴望建立和谐的人际关系（见图 2-7）；另一方面，由于交往面的拓宽、关系的多样化，以及中职生情绪的波动性，人际冲突在所难免。

图 2-7　和谐的人际关系

此外，随着性心理的萌芽，他们变得乐意与异性交往，喜欢与异性同学一起参与学习、讨论，参加班级活动等。这些都是中职生正常的心理表现。

3. 思维特征

处于青春期的中职生在视觉和听觉方面都有了显著的发展，因而他们的反应能力强，观察事物快而准确；语言表达和概括能力有了显著的提高，他们开始注意在理解的基础上记忆；抽象思维能力也有了进一步提高，开始根据事物的本质特征和内在联系进行较恰当的判断、推理和论证。

接受教育是学生挖掘自身思维潜力的重要手段。但是，一部分中职生因为学习态度、学习方法或学习习惯的问题，加上情感上容易波动、意志上容易动摇的弱点，错失了这一提升思维能力的好时机，从而造成终生的遗憾。

二、中职生常见心理困惑及调适

由于缺乏社会阅历，中职生在遇到问题时容易出现各种各样的心理困惑，如果不及时进行调适，极易发展成心理问题。因此，掌握一定的心理调适方法，是非常重要且十分必要的。

（一）环境适应方面

进入职校后，中职生所处的环境发生了较大的变化，他们需要独立处理学习、生活中

遇到的各种问题，这容易使其感到难以适应，并可能由此引发抑郁和过度焦虑等心理问题。

为了改善这一情况，中职生需要提高生活自理能力，养成良好的生活习惯。首先，应从点滴的小事学起，大胆实践，不断积累生活经验，尝试独立处理生活中遇到的各类问题。其次，应改掉完全依赖他人的坏习惯，遇到不懂的问题可主动向他人寻求帮助，然后自己解决。

（二）自我意识方面

从心理学的角度看，中职生的自我意识逐渐成熟，他们渴望拥有与成人平等的社会地位与权利，反对从属地位，更反对权威式的干涉。但是生理和心理的迅速发展，使得中职生在缺乏准备的条件下，产生了许多矛盾和困惑。

要培养健康的自我意识，就要做到以下四个方面：第一，正确认识自我；第二，积极悦纳自我；第三，自觉调控自我；第四，不断超越自我。

（三）人际交往方面

进入职校，面对新的人际群体和复杂的人际关系，一些中职生会感到无所适从，不知道该如何更好地与人相处，于是出现了孤独、苦闷、无助等心理体验。

要解决人际交往方面的心理问题，需要做到以下几点：第一，摆正心态，转变以自我为中心的处世态度，学会尊重他人；第二，掌握人际交往的技巧，培养人际交往能力和沟通能力；第三，注意生活中的一些细节，如养成良好的生活习惯和卫生习惯，不长时间占用公共设施等。

（四）学习方面

与中学相比，职业院校的学习内容和方法都发生了巨大变化，一些中职生由于找不到适合自己的学习方式，从而出现了学习目的不明确、学习动机不足、学习兴趣丧失等问题。此外，“考证热”带来的精神压力和心理负担也容易使中职生产生心理问题。

针对这些问题，首先，中职生要认识到职校学习是在教师引导下的独立学习，要学会自主学习；其次，要从个人实际出发，逐步摸索与自己的基础相适应的学习方法；最后，要学会利用工具书、图书馆和网络资源等进行学习，更要学会管理和支配时间。

拓展阅读

时间管理方法

一、计划管理法

以日计划为例，该方法要求每天在固定时间将要做的工作事先列出一份待办单，排出优先次序，确认完成时间（要为应付紧急情况留出时间），完成一项工作划掉一项。待办单主要包括的内容如下：非日常工作、特殊事项、行动计划中的

工作、昨日未完成的事项等。此外，要避免遗忘就要避免半途而废，尽可能做到今日事今日毕。

二、时间“四象限”法

时间“四象限”法（见图 2-8）是美国的管理学家史蒂芬·科维提出的一个时间管理理论，按照重要性和紧急性两个不同的维度，将工作分为四个大类：既紧急又重要、重要但不紧急、紧急但不重要、既不紧急也不重要。具体处理工作时，按照上述顺序依次进行。

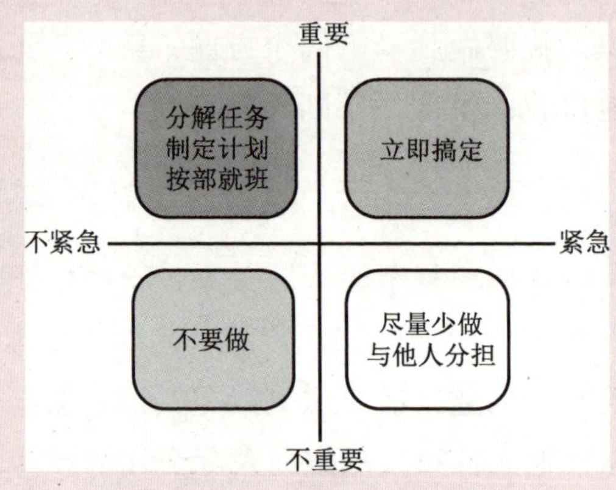

图 2-8　时间“四象限”法

三、番茄工作法

番茄工作法是一种简单易行的时间管理方法，是由弗朗西斯科·西里洛于 1992 年提出的。该方法的原理如下：每个番茄时间为“25 分钟工作+5 分钟休息”，每 3～4 个番茄时间为一轮，之后可以休息 10～15 分钟。

番茄工作法具体流程的时间安排及内容如图 2-9 所示：

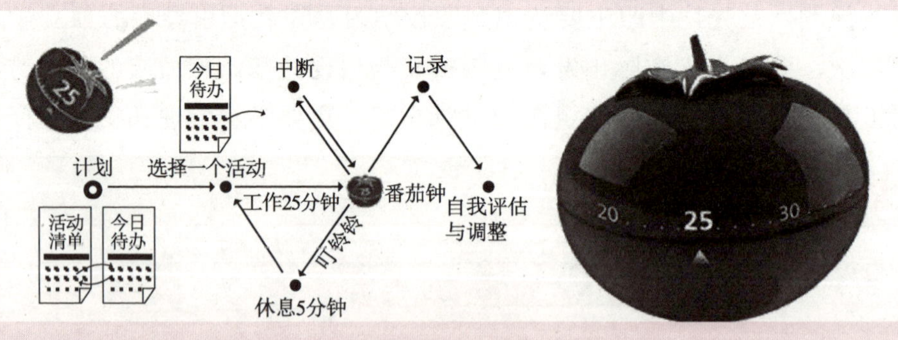

图 2-9　番茄工作法具体流程的时间安排及内容

（五）情绪方面

中职生的情绪正处于最丰富、最多变、最复杂的时期，且易受外界环境的影响，长期

持续处于不稳定的情绪状态易引发各类心理问题。

解决情绪困扰较有效的方式是寻求社会支持，中职生在遇到困惑与遭遇挫折时，可以主动地敞开心扉，寻求家长、教师、同学，以及心理咨询师等各类人士的帮助，平稳健康地度过这一阶段。

（六）求职择业方面

求职择业是每个中职生都要面对的重要问题。如何选择适合自己的职业、如何平衡理想与现实的杠杆、如何规划长远的发展目标等一系列问题都会给中职生带来困扰和忧虑。

为了解决这方面的问题，首先，中职生应树立正确的就业观和择业观，确立合理的抱负水平，端正择业态度；其次，在根据自己的优势选择职业的同时，积极改进自身不足；最后，要有一定的竞争意识，遇到对手不能退缩，遇到挫折也不能气馁，积极地进行自我调适。

成长故事

被破格招聘的中职生

尤玮是中共“二大”会址纪念馆宣教部主任，在一次优秀中职毕业生报告会上，她向学弟学妹们介绍了自己的成才经历。

尤玮 1998 年参加中考，被上海市信息管理学校图书情报管理专业录取。入学后，她积极参加学校的各项社团活动，锻炼自己的各方面能力，不断学习与人交往、如何组织活动。进入职校的第一个寒假，尤玮便选择去虹口区图书馆实习。由于表现出色，2001 年她被推荐到鲁迅纪念馆的图书馆参加志愿服务。一次偶然的机会，她被调至宣教部门，担任双休日志愿讲解员。渐渐地，尤玮开始喜欢上讲解员这一职位，并不断钻研，每讲解一次都会有新的收获和启发。

2002 年，鲁迅纪念馆需要招聘一位讲解员，面试者需要现场讲解鲁迅纪念馆，并接受面试官的提问。此时，站在一旁做志愿者的尤玮胆怯地问道：“可以给我一次面试机会吗？”现场的面试官说：“可以啊，你试试吧！”声情并茂的讲解后，面试官决定破格招聘这位中职学生。

互动空间

一个普通女孩的自述：我是一个中职学生，没有漂亮的外表，也没有超人的才智，每天的生活平平淡淡。都说十六七岁是人生最美好的年华，可我却没有体会到，我只知道自己的内心充满了迷茫和困惑。我不知道今后的生活该是什么样子，也不知道现在该怎么做……

你有和她一样的困惑吗？进入职校后，你的迷茫和困惑是什么？

三、中职生的性心理

（一）性心理的发展阶段

1．异性疏远期

异性疏远期多指青春期开始的半年至一年时间，这是个好奇与懵懂并存的阶段。这时的青少年由于性功能还没有完全成熟，性意识也是刚刚萌芽，当他们发现彼此间性别的差异时，通常会感到羞涩、腼腆、不安甚至反感。在行为上通常表现出不愿接近异性、彼此疏远、男女界限分明、喜欢与同性伙伴亲密相处等情况。

2．异性接近期

在完全进入青春期之后，随着生理和心理的进一步成熟，青少年对异性之间的关系有了进一步的理解和认识，对性意识的情感体验也开始有了新的变化。异性间的羞涩心理较之前期大大减少，取而代之的是一种情感的吸引，他们相互怀有好感，萌发出彼此接触的愿望。这个阶段的性意识带有朦胧、向往的特点。

3．两性恋爱期

这个阶段一般从青年初期的中后阶段开始，是青春期性意识表现和发展相对成熟的阶段，这也是青春期性意识发展的必然结果。两性恋爱期的显著标志是情感集中于一个异性，对其他异性的关心明显地减少，喜欢与自己选择的对象单独相处，而不太愿意参加集体性的活动。

（二）中职生性心理发展的特点

1．性意识增强，渴望了解性知识

进入职校后，中职生由于生理发育接近成熟，会产生有关性的联想和焦虑，情不自禁地对异性产生好感和爱慕。他们对这种反应感到好奇和困惑，希望通过各种渠道了解更多有关性的知识，解除心理上的困惑。

2．对性的关注及表现上的掩饰性

随着性意识的增强，中职生对性的关注度也明显提高。他们十分看重来自异性的评价，并常按照异性的要求和希望来塑造自我形象，但同时他们又不希望自己内心的想法被他人察觉。因此，他们会在行为上表现得拘谨、羞涩或冷漠，具有明显的掩饰性。

3．产生性冲动，形成性冲突

由于性激素的作用及对性的好奇，中职生易受到外界的刺激而产生性冲动。但他们可能因缺乏性知识而对自身出现的性欲体验感到迷惑、恐惧、焦虑，甚至产生罪恶感，从而形成强烈的性冲突。

4. 性心理的性别差异性

青少年性心理存在着明显的性别差异性。在对异性感情的流露上，男生显得较为直接和热烈，女生往往表现得含蓄而内敛；在内心体验上，男生更多的是新奇、神秘和喜悦，女生则是羞涩、敏感和不知所措。

互动空间

徐某，某职业学校一年级的学生，在学习性知识后，一方面，她总担心自己的乳房发育不良；另一方面，她又对自己过度关注自己的生理发展而感到羞愧。这种矛盾和焦虑的心理甚至影响到了她正常的学习和生活。你认为不健康的性心理会产生哪些危害，以及该如何调节？

（三）不健康性心理和行为习惯的危害

不健康的性心理一经出现，如果不及时进行调适，将可能发展成严重的心理问题。轻者会精神涣散、萎靡不振，失去奋斗的动力，重者则可能情绪失控，做出违法犯罪的事情，进而彻底毁掉自己的人生。另外，中职生的生理和心理都还没有完全成熟，不健康的行为习惯一方面有损身心健康，另一方面可能对当事人的人生产生巨大的影响。

（四）培养健康的性心理

1. 科学地掌握性知识

性科学是一门综合的学科，它能够帮助人们了解自己性心理的发展，学会承担自己的性别角色，从而正确地调适自己的性心理。科学的性知识可以从书籍、网络等正规途径获取，也可以在与同龄人进行交流和沟通的过程中获得。

互动空间

为了解性知识，某中职学生小刚经常浏览一些不良网页。请问他的做法对吗？在学习性知识的过程中应该如何做好信息甄别工作？

2. 积极进行自我调适

为了不影响正常的学习、生活和身心发展，中职生应对不良的性心理困扰进行积极的自我调适，以减轻各种压力和不良情绪带来的危害。

首先，中职生要树立正确的人生观和远大的理想，将主要精力集中在学习和未来发展等方面，通过转移注意力和升华情感的方式，实现缓解压抑情绪、释放性能量的目的。

其次，积极参加各种智力比赛和体育锻炼，使心理和生理得到充分的放松，进而使性心理问题导致的焦虑情绪得到缓解。此外，建立正常的异性交往关系，也可促进中职生心理的进一步成熟。

3．塑造健康的人格

从某种角度来看，性是人格的一面镜子，一个人的责任、尊严及对他人的尊重程度都会在两性关系中有所体现。

对于中职生来说，个人的思想观念、意志品质都会决定自我对性的控制程度。因此，要积极树立健康的观念，培养坚强的意志品格，增强性道德和性法律意识，进而规范自己的行为，克服性冲动带来的心理冲突，合理地调节各种情绪和心态，塑造健康的人格。

实践活动

解忧杂货店

同学们自由组合成立“解忧杂货店”，并讨论决定“杂货店”的经营宗旨以吸引“顾客”。每个人都是自己组内的“解忧大师”，同时也是其他组的“顾客”。要求每位同学自行挑选“解忧杂货店”，来解决自己的一个内心困惑，然后将写有自己困惑的信匿名投入该店“信箱”，该店的“解忧大师”们收到信件后要给出解忧方案，贴在店里的“公告栏”里，再由寄信人打“√”或“×”表示满意与否。(“寄信”和评价环节都可通过同学们依次轮流进入教室、其他同学回避的方式进行。)

过程记录

经营宗旨：

人员分工：

收到的困惑及具体解忧方案：

心得体会：

活动评价

教师可参考表 2-7 对各个“解忧杂货店”的工作表现进行评价。

表 2-7　“解忧杂货店”活动评价表

评价标准	分值	分数小计	教师评价
“解忧”次数及“顾客”满意度	40 分		
“解忧”措施的可行性	30 分		
是否全员积极参与	30 分		
合计	100 分		

第四节　由表及里，管理情绪

透视生活

钉子的故事

有一个男孩，他的脾气很坏。于是，男孩的父亲给了他一袋钉子，并且告诉他，每当他发脾气时就钉一颗钉子在后院的围栏上。第一天，这个男孩钉下了 37 颗钉子。慢慢地，他每天钉下的钉子数量越来越少了，因为他发现控制自己的脾气要比钉下那些钉子容易得多。直到有一天，这个男孩再也不会乱发脾气了。他告诉父亲这件事情，父亲又说，从现在开始，每当他能控制自己脾气时，就拔除一颗钉子。一天天过去了，最后男孩告诉父亲，他终于把所有的钉子都给拔出来了。

父亲握着他的手（见图 2-10），来到后院说："我的好孩子，你做得很好。但是，看看那些围栏上的洞，围栏永远不能恢复到从前的样子了，你生气时说的话就像这些钉子一样，会在人的心上留下疤痕，话语带给人的伤痛和钉子带给围栏的伤痛是一样的。"

图 2-10　父亲给男孩讲述钉子的故事

议一议

小男孩是如何管控情绪，做自己情绪的主人的？你有什么管控情绪的好方法吗？

一、情绪概述

（一）情绪的含义及类型

1．情绪的含义

情绪的定义和分类

情绪是个人的主观体验和感受，是对外界刺激所产生的心理反应及附带的生理反应。情绪出现在日常生活中的每个角落，反映着人们不同的心理状态。

情绪主要包含情绪体验、情绪行为和情绪唤醒三种成分。情绪体验即情的感受或称情

感，是指人在主观上感受或意识到的情绪状况。情绪行为是伴随着主观体验产生的相应外部表现，如面部表情、动作行为等。情绪唤醒是伴随情绪体验产生的生理反应，如心跳加速、呼吸急促等。这三部分同时发生，就构成了一个完整的情绪过程。

2. 情绪的类型

（1）快乐

快乐是指需要得到满足、愿望得以实现、心理的急迫感和紧张感解除后而产生的情绪体验。根据愿望满足的意外程度、所追求目的对自身的意义与实现愿望的难易程度等，可将快乐分为愉快、兴奋、狂喜等。

（2）悲哀

悲哀是指因失去喜爱的事物或理想、希望破灭而产生的情绪体验。悲哀程度可分为失望、难过、悲伤和悲痛等。悲哀引起的情绪发泄通常会导致哭泣，通过哭泣，悲哀情绪会得到缓解。因此，哭泣不仅是表达感情的一种方式，也是一种心理保护措施。

（3）愤怒

愤怒是指所追求的目标受到阻碍导致愿望无法实现或个体受到攻击、威胁和羞辱时产生的情绪体验，其程度一般有不满、生气、愤怒和暴怒等。人愤怒时紧张感会增加，有时可能不能控制自我，甚至出现攻击行为。愤怒会破坏个体心理和生理平衡，影响人的身心健康。

（4）恐惧

恐惧是指人们在面临危险情境或预感到某种潜在威胁时所产生的情绪体验。这一情绪往往是人们无力摆脱或逃避某种困境时的表现。恐惧程度可分为害怕、惧怕、惊恐等。人在恐惧时，会出现脸色苍白、反应迟钝等状态，有时还会浑身发抖。

在四种基本情绪的基础上，还能派生出许多复合情绪，如焦虑、抑郁、自卑、冷漠等。

（二）情绪问题产生的困扰

现代科学证明，情绪可以通过大脑来影响人的心理和生理活动。当我们产生某种情绪时，体内的生理指标（如心跳速率、呼吸的节奏、血压等）会发生一系列的变化。积极的情绪能够改善人的精神面貌，充实人的体力和精力，促进人的感知、记忆、思维、意志等心理活动。

然而，一旦我们受到强烈的外部刺激或长期处于消极的情绪刺激状态下，刺激经传入神经作用于大脑，经过大脑的分析加工产生过激或消极的情绪体验，这种不良的情绪体验受到压抑便会导致心理的失衡，引起正常生理功能的减弱或紊乱。反过来，身体的不适和病痛又会引起不良情绪的产生和积压，引起生理指标进一步变化。如此恶性循环，最终导致疾病或加重疾病。

调查发现，中职生生理上可能出现的消化性溃疡、紧张性头痛、心律不齐、月经失调、

神经性皮炎等症状，都与消极情绪有关。

二、中职生的情绪

（一）中职生情绪的发展特征

1. 稳定性与波动性

中职生的情绪往往呈现出稳定性与波动性并存的特点。一方面，随着智力水平和文化修养的不断提高，中职生对社会的认识和人生的理解逐步加深，对自己的情绪有了一定的管控能力。另一方面，由于生理和心理发展的不平衡性，中职生的内心往往存在着各种矛盾冲突，容易受外界环境的影响，情绪波动性较为明显。

2. 冲动性与爆发性

中职生正处于青春期，精力充沛，感情丰富，对外界事物较为敏感，在遇到外界刺激或重大突发事件时容易冲动。他们会对自己感兴趣的事情产生极大的热情，对不符合自己观念的事情表现出强烈的不满。他们如果受到某种过于强烈的外部刺激，情绪可能会爆发，以至语言、动作和行为等方面失去控制，造成破坏性的后果。

3. 外显性与内隐性

中职生对外界刺激比较敏感，反应比较迅速，情绪表现较之成年人更加直接和外露，易被人察觉。但随着自我意识和社会意识的发展，中职生的内涵更加丰富，自制力逐步增强，情绪表达方式逐渐变得隐晦和含蓄。

（二）中职生常见的不良情绪及成因

1. 焦虑

焦虑是紧张、害怕、不安、担忧和烦躁等交织在一起的复杂情绪体验。焦虑是中职生常见的情绪状态，当他们对未来感到迷茫，对结果没有把握，或者是面临重大事情时，通常会产生这种情绪体验。

互动空间

李某，女，某中职学校一年级的学生，自述从小就容易对考试产生焦虑的情绪，每次考试来临前都会坐立不安。她总担心自己在考试时出问题，强迫自己抓紧时间看书复习，课间不敢长时间休息，可即使是这样，复习效率也并不高。每到考试前几天，她就会突然拉肚子，浑身不舒服。现在快要到期中考试了，她想到这些就害怕，怕自己再出现这样的状况，影响考试。

你有过李某这样的考试焦虑吗？通常什么样的事情会让你感到焦虑？

2. 抑郁

抑郁是指精神受到压抑而产生的一种消极的情绪状态，常常与苦闷、不满、烦恼和困惑等情绪交织在一起。抑郁情绪的形成原因是复杂的，遗传因素、内分泌失调、性格孤僻、生活遭遇挫折等均可以使人陷入抑郁状态。

3. 恐惧

这里所说的恐惧是带有病理性特征的恐惧，即对常人不害怕的事物感到恐惧，或恐惧体验的强度和持续时间远远超出常人的反应范围。中职生若容易产生恐惧情绪，可能是因为个人敏感、孤僻、胆小，具有较强的依赖性。

4. 易怒

易怒是指容易因不经意的小事而愤怒的情绪状态。中职生的内分泌系统处于空前活跃的时期，大脑神经的抑制和兴奋发展不平衡。他们在遇到某些事件或外界刺激时，可能缺乏冷静的分析和思考，容易产生愤怒情绪，出现攻击行为。

5. 自卑

自卑又称为自卑感，是指个人体验到自己的缺点、不足而产生的消极心态。一般而言，自卑表现为对自己的能力、品质评价过低，同时可伴有一些特殊的情绪体现，诸如害羞、不安、内疚、忧郁、失望等。

你自卑过吗？

互动空间

王某是某中职学校二年级的学生，他性格内向，在公众场合不敢发言，跟别人交流时总不能恰当地表达自己。尤其是跟教师或陌生人谈话时，他总表现得十分局促，举手投足不知如何是好，并且脸红得很厉害。他知道自己的性格会影响自己的生活，甚至是以后的成长，所以强烈希望改变自己。

你有什么办法能够帮助他克服自卑心理吗？

6. 冷漠

冷漠是指个体对外界刺激缺乏相应的情感反应，对生活无动于衷、漠不关心的情绪状态。存有冷漠情绪的中职生大多对周围的事物不感兴趣，对周围的人态度冷淡，对自己的前途和国家的命运漠然置之，习惯让自己游离于社会群体之外。而事实上，这种情绪往往并非逆来顺受或疏离无情，而是压抑内心痛苦和挫折情绪的消极表现形式。

三、情绪的管理

为防止情绪问题未得到及时管控而产生严重的后果，中职生应明确健康情绪的表现，然后以此为标准进行情绪管控。

（一）健康情绪的表现

1. 目的明确，表达恰当

个体能够通过言语、表情和行为准确地表达自己的情绪，能够以符合思维规律和现实情境的方式宣泄情绪。

2. 情绪稳定，积极乐观

个体的情绪较为稳定，波动性不大，且多以乐观的心境为主，积极情绪多于消极情绪，可以轻松、愉快地面对生活。

3. 反应适度，管理得当

个体情绪表现的持续时间和强烈程度都很适当，符合引起情绪的现实情境，不会过于强烈或过于冷漠；在情绪出现时能够有效地进行自我控制，将消极的情绪转化为积极的情绪，将激情转化为冷静。

典型案例

被苍蝇击倒的冠军

1965 年 9 月 7 日，世界台球冠军争夺赛在美国纽约举行。路易斯·福克斯的得分一路遥遥领先，只要再得几分他便可稳拿冠军了，就在这个时候，他发现一只苍蝇落在主球上，于是挥手将苍蝇赶走了。可是，苍蝇好像是有意跟他作对，每次他一回到球台，苍蝇就又飞回到主球上，引得周围的观众哈哈大笑。路易斯·福克斯的情绪糟糕到了极点，他愤怒地用球杆去击打苍蝇，不小心碰动了主球，被裁判判为击球，他因此失去了一轮击球机会。这使得路易斯·福克斯方寸大乱，连连失利，而本以为败局已定的对手约翰·迪瑞见状勇气大增，信心十足，最终赶上并超过了他，夺走了冠军。

（二）管理情绪的方法

1. 正确表达情绪

正确地表达情绪是保持健康情绪最根本的要求。一方面，中职生应在适当的情境下正确地表达自己的情绪。例如，取得满意的成绩，可表达喜悦的情绪；与同学分别，可表达悲伤的情绪。另一方面，中职生情绪反应的强度和持续时间应与引发情绪的刺激强度相适应。例如，面对小的事情，情绪反应应弱，持续时间应短；遇到重大事件，情绪反应可以较为强烈，持续时间也可适当延长。

2. 调整不良情绪

（1）适度宣泄

宣泄情绪

适度的情绪宣泄可以缓解压力，调整心情，同时消除伴随情绪产生的生理反应。中职生可以坦率地表达自己的情绪，如悲伤时放声大哭，愤怒时高声呐喊。此外，向他人倾诉、进行艺术创作和求助心理医生等也是宣泄情绪的有效方法。

（2）转移调节

转移是个体主观上把注意力从消极或不良的情绪状态，转移到其他事物上的一种情绪调节方法。当某种不良情绪产生时，可以通过有意识地转移注意力来进行调节和控制。例如，在感到苦闷的时候，可以通过听音乐、散步、看书等方式转移注意力，缓解不良情绪（见图 2-11）。

图 2-11 听音乐缓解情绪

（3）行为补偿

行为补偿要求中职生能够将消极的情绪转化为行动的力量，进而获得积极的情绪体验，以求得心理补偿和平衡。例如，通过努力奋斗，获得某一领域的成功，建立自信，以此来平衡自卑和失落等情绪。

（4）自我暗示

当不良情绪产生时，中职生可以通过积极的自我暗示来激励自己，从而放松紧张的心情，使不良情绪得到缓解。例如，在愤怒时默念“冷静”“三思而后行”，紧张时告诉自己“我有信心”“我能行”，还可通过日记、书信等方式进行自我激励和自我安慰等。积极的自我暗示可以有效调节自卑、焦虑、抑郁及恐惧等情绪，促进健康情绪的发展。

（5）转换认知角度

转换认知角度要求中职生能够摒弃以自己的目的、需要、喜好及价值观念作为衡量事物好坏标准的习惯，从积极的方面去看待引发不良情绪的事件，纠正认知偏差，以消除不良情绪。

拓展阅读

情绪 ABC 理论

情绪 ABC 理论由美国心理学家埃利斯创建，他认为激发事件 A（Activating Event）只是引发情绪和行为后果 C（Consequence）的间接原因，而引起 C 的直接原因是个体对激发事件 A 的认知、评价和产生的信念 B（Belief）。

如图 2-12 所示，A 指事情的前因，C 指事情的后果，有前因必有后果，但是相同的前因 A，却因为不同的人有不同的信念、评价及解释（B_1 和 B_2），最终产生了不一样的后果 C_1 和 C_2。

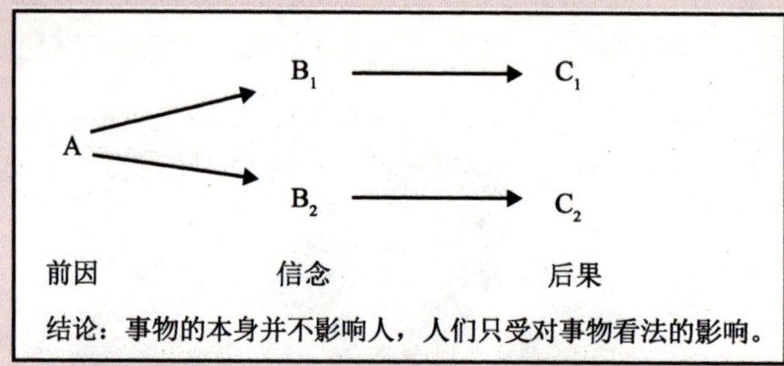

图 2-12　情绪 ABC 理论

这一理论在解决中职生情绪问题上很有实际价值。中职生通过树立积极正确的观念，能够懂得如何正确应对困难，从而使自己保持良好的情绪。

3．培养健康情绪

（1）保持积极的心态

保持积极的心态，就要善于从周围的生活细节中发现积极的方面，主动创造使自己感到快乐的环境和生活方式，并能够充分地接受现实、享受快乐。保持积极的心态还应追求上进，以乐观的心态去面对困难，在战胜困难的过程中体会快乐。

（2）学会宽容

宽容的对象既包括自己也包括他人。不要苛求自己，不要给自己订立不切实际的目标，以避免因达不到预期目标而产生自卑和自责的情绪。要善于接纳他人，懂得给予他人理解和关怀，善于原谅他人的过错和不足，以避免人际冲突带来消极的情绪体验。

（3）广交朋友

中职生如果可以提高自己的社交能力，不仅可以避免与别人发生冲突，也可以让自己有更愉快的交往体验。一般来说，广交朋友应该从提高两种能力入手，即对社会情境的辨析能力和对他人心理状态的洞察能力。

（4）自我激励

自我激励是人们保持积极情绪的动力源泉之一。在遇到困难、失败、困惑或不幸时，应学会用生活中的哲理、优秀人物的事迹或积极的思想观念来激励自我，同各种不良情绪做斗争，提高自信心，增强意志力，驱除自卑感，从而保持愉快的心境，勇敢地面对生活。

（5）幽默调节

幽默调节要求我们在身处困境时，通过风趣幽默的方式来调节不良情绪。幽默是一种成熟、智慧的表现，是一种乐观、洒脱的生活态度。通过幽默可以避开冲突的锋芒，营造一种轻松的氛围，从而缓解紧张、压抑的情绪，弱化心理冲突，获得愉悦的情绪体验。

名言警句

情商就是管理情绪的能力。

——丹尼尔·戈尔曼

实践活动

情绪诊疗室

选择自己现阶段存在的或曾经出现过的最不满意的情绪，有针对性地为自己制订一个情绪诊疗方案，并且于方案执行后自行评估方案效果。（例如，针对自己的社交恐惧心理，制订一个每天认识五个陌生人的方案，坚持30天后，做出自我评价……）

过程记录

最不满意的情绪：

情绪诊疗方案：

实施难点及解决方法：

心得体会：

活动评价

学生可参考表 2-8 对各自的情绪诊疗方案效果进行评价。

表 2-8 情绪诊疗方案效果评价表

评价标准	分值	分数小计	教师评价
方案可行性	30 分		
方案完成度	30 分		
情绪诊疗效果	40 分		
合计	100 分		

第三章

立足专业　谋划发展

03

导　语

凡事“预则立，不预则废”，无论将来从事哪种职业，我们首先要对自己所学的专业有深刻的认识，才能更好地谋划未来的职业发展。

近年来，我国一直在进行供给侧改革，即优化资源布局，提升产品质量，从而使我国由制造大国变为制造强国。然而，要想提升产品质量，一是需要优质的人才，二是需要先进的生产设备和管理理念。所谓优质的人才，是掌握必要的知识和技能，具备卓越的工匠精神，以及具有良好职业素养的从业者。

学习目标

- 认知：了解所学专业及其对应的专业群。
- 领会：理解工匠精神的内涵；掌握提升职业素养的内容及方法。
- 提高：能够立足所学专业，谋划个人发展；培养工匠精神，提升职业素养。

第一节　专业起步，提升职业素养

透视生活

“灰领”人才短缺

图 3-1　“灰领”人才的培养

“灰领”（见图 3-1）一词来源于美国，是对某一类职业人群的称呼。它不是蓝领向白领的过渡阶段，也不是二者的叠加，而是介于白领、蓝领之间，既具有良好的理论素养，又能付诸实践的复合型、实用型人才。简而言之：创意+动手=灰领。

“灰领”职业主要包括电子商务员（师）、多媒体作品制作员（师）、计算机程序设计员（师）、计算机网络技术人员、网页设计与制作员、数码影像技术人员、工业产品造型设计员（师）、室内装饰设计员（师）等。

随着智能制造的发展，岗位对从业者的要求越来越高。西电集团智能制造人才中心技术总监闫波称，他们需要大量支持企业向智能制造转型的实用型人才。目前，从业者中白领有，蓝领也有，缺的是灰领，比如自动化专业的灰领人才既懂得生产管理，又拥有持续改善自动化生产线的能力。同时，“灰领”人才对于一些智能装备、智能机器人等，也有一定了解。

截至 2020 年末，全国就业人员达 7.5 亿人。即使将专业技术人员的一部分作为“灰领”人才来考虑，我国“灰领”人才缺口仍高达几千万，这与主要工业化国家之间存在显著差距。

议一议

如果要成为一名灰领人才，需要做出哪些努力？你所学的专业有哪些特点？你将来可以从事哪些职业，这些职业存在哪些社会价值？

一、专业和专业对应的职业群

“闻道有先后，术业有专攻，如是而已”，一个人要想取得成就，应尽量做到专一，专注于自己所从事的职业，从而达到熟能生巧、精益求精的效果。

作为学生，中职生首先需要了解自己所学的专业，如所学专业需要学习哪些知识，将来可以从事何种职业，以及社会发展和产业升级对从业者职业素养要求的变化。

（一）专业的定义

专业是根据学科分类或生产部门的分工把学业分成的门类，如会计专业、物流专业、电子商务专业、文秘专业等。专业并不是自古就有的，而是社会分工的产物，专业的细化体现了社会分工的细化。

拓展阅读

专业与职业的关系

职业是个人所从事的、可以取得收入来源的工作。专业与职业既有区别，又有联系。专业为职业提供必要的基础知识和基本技能，职业对专业起引领作用，二者的关系如图 3-2 所示。

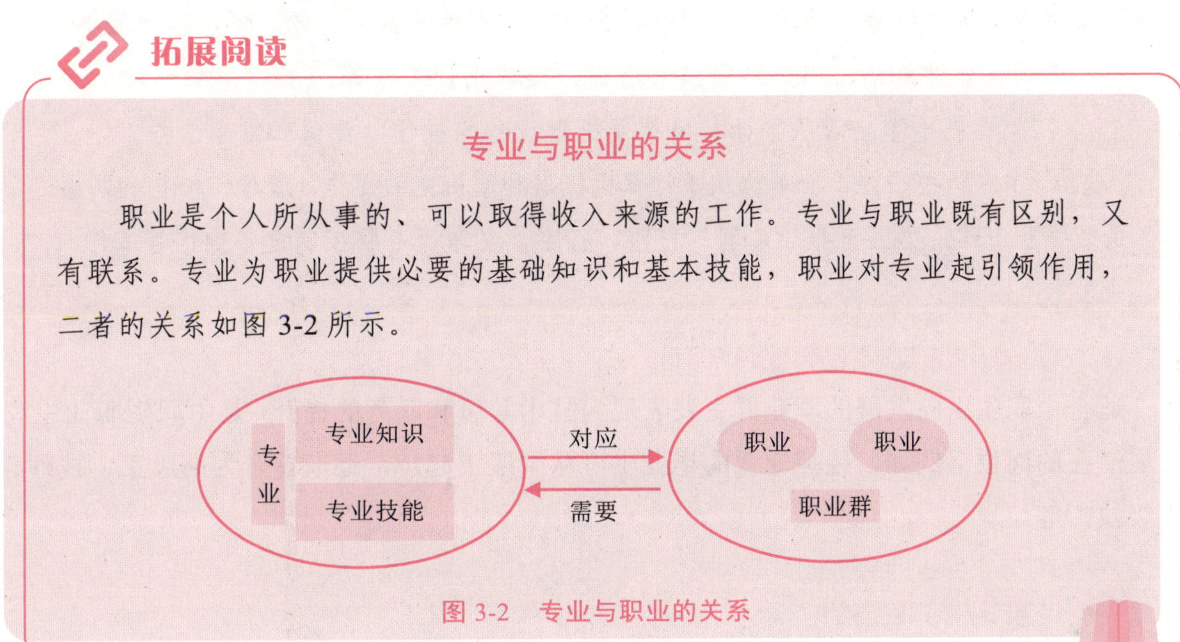

图 3-2　专业与职业的关系

（二）专业对应的职业群

1. 职业群的含义

一个专业往往对应一个职业或者一个职业群。所谓职业群，又称职业岗位群，是职业岗位之间相互联系的职业系统。

2. 适合中职生发展的职业群

中职生所学专业对应的职业群包括适合中职生横向发展的职业群和适合中职生纵向发展的职业群。

（1）适合中职生横向发展的职业群

适合中职生横向发展的职业群即所学专业所对应的就业岗位，主要表现为首次就业的择业方向及岗位或今后可能转岗的职业。这类职业群一是可以拓宽中职生的眼界，使其深入了解所学专业，进而找到适合自己个性发展的职业；二是能够为首次就业的中职生提供比较宽的择业范围。

拓展阅读

适合中职生横向发展的职业群

——以计算机及应用专业为例

适合计算机及应用专业的中职毕业生横向发展的职业群主要包括以下几个：

（1）在互联网公司从事计算机及相关软硬件产品的销售、储运工作，集成工程项目市场的工程施工及有关技术支持工作，软硬件产品的售前、售后客户服务、技术咨询、软件编码，用户初级技术培训、操作培训工作等。

（2）在制造型企业从事计算机控制机器设备的操作、测试和维修工作。

（3）在机关、企事业单位从事计算机机房和微机室的操作、管理、维护和网络系统维护工作，办公室报表处理、打印、打字、复印、电脑控制设备操作等工作。

（2）适合中职生纵向发展的职业群

适合中职生纵向发展的职业群主要表现为技术等级和职务的提升，是中职生职业生涯发展潜在的岗位。例如，数控专业的毕业生可从中级工起步，逐渐晋升为高级工、技师、高级技师等。

二、从业者的职业素养

（一）职业素养的内容

随着科技的发展和产业的升级，各种职业对从业者职业素养的要求越来越高。所谓职业素养，是指从业者在从业过程中表现出来的综合品质，其内容包括职业道德、职业技能、职业行为习惯和职业意识。培养和提升自己的职业素养，对中职生职业生涯的成功有着重要意义。

1. 职业道德

职业道德

职业道德是一般道德在职业行为中的反映，是从业者在进行职业活动过程中，其一切符合职业要求的心理意识、行为准则和行为规范的总和。它是一种内在的、非强制性的约束机制，是用来调整职业个人、职业主体和社会成员之间关系的行为准则和行为规范。职业道德的具体表现如下：① 爱岗敬业，忠于职守；② 遵纪守法，诚实守信；③ 和睦互助，团结协作；④ 服务群体，奉献社会；⑤ 勇于竞争，不断创新。

如今，社会对各类从业人员的职业态度、职业纪律和职业作风的要求越来越高。从业

者培养自己的职业道德，既是社会的需要，也是个人的内在需要。

2. 职业技能

职业技能是指从业者在专业知识和专业技能方面表现出来的状况和水平。中职生通过职业教育可以熟练地掌握一些专业技能，进而在以后的工作中，能够将专业技能转化为职业技能。

3. 职业行为习惯

职业行为习惯是指从业者在工作过程中培养的习惯。良好的职业行为习惯可以使从业者从更高的层面认识职业兴趣，发掘职业兴趣。没有职业行为习惯，职业兴趣就只剩下空想。因此，我们需要培养良好的职业行为习惯，如定期整理工作心得等。

名言警句

习惯是一种顽强的巨大力量，它可以主宰人生。

——培根

4. 职业意识

职业意识，又称职业心态，是指从业者根据职业的需求表露出的心理情感，包括就业意识和择业意识。其中，就业意识是指从业者对自己从事的工作和任职角色的态度或看法；择业意识是指从业者对所从事职业的倾向。职业意识既可以影响个人的就业和择业方向，也可以影响整个社会的就业状况。

榜样故事

成为“你想成为的人”

张子强是某中职院校市场营销专业的学生，他在入学时就对自己的职业生涯做好了规划，立志成为一名优秀的管理者。在校期间，他认真学习专业课程，珍惜每次课堂演练的机会。考虑到自己所学专业对应的岗位实践性较强，于是，在寒暑假及周末期间，他利用各种途径到管理完善的企业进行实习或兼职，虚心向这些企业的优秀员工“取经”，每天记录自己学到的各种知识和经验。

毕业后，他到一家大型商场做销售工作，由于销售业绩出色，在短时间内就得到多次晋升机会。几年后，张子强成为这家大型商场的分店店长，在其精心管理下，该分店取得了非常好的销售业绩。

（二）中职生职业素养的自我提升

中职生应当根据市场经济的要求，不断调整和充实自己，提高自身职业素养，增强谋生的本领，从而使自己更好地就业或创业。

1. 增强自信心

自信心决定着中职生对自己能力的判断，能够使中职生认可自己的能力和价值，保持积极、进取的工作态度。中职生可以通过积极参与各种实践活动，来增强自己的自信。

2. 学会调整心态

良好的心态可以帮助个人客观全面地评价自己，正视自己的优缺点，从而在以后的工作中扬长避短。例如，可以用"我可以""我愿意"这样的积极暗示，从内在改变自己。

3. 提高沟通能力

在当今社会，除专业技能以外，企业越来越重视从业者的"软技能"。所谓软技能，包括情绪控制能力、人际关系处理能力、沟通能力等。其中，有效的沟通有利于建立良好的人际关系，提高办事效率。中职生可以通过了解沟通禁忌、掌握沟通技巧等，来提高自己的沟通能力。

职业素养：九大沟通技巧

拓展阅读

常用的沟通技巧

（1）在与他人沟通的过程中，应照顾他人的感受，不要只顾发表自己的看法。

（2）在与他人沟通时，尽量用建议代替批评，学会用欣赏的眼光看待他人，用善意的语言夸赞他人。

（3）做好自我管理，学会换位思考，主动关心别人。必要时，还需要做好沟通前的准备，具体包括明确沟通目的，搜集沟通对象的资料，决定沟通的时间、地点与进度安排。

4. 培养创新能力

创新能力是一种可以训练、提高，并最终习惯化的技能。在掌握这个技能的过程中，一直伴随着心理突破，如突破自己的思维惯性、消极态度、自卑心理和僵化心理。为了消除这些阻力，我们不仅需要进行系统性的创新能力培训，还需要在广泛的学习、生活实践中不断提升自己的心理素质。

互动空间

在校期间，我们可以通过哪些活动来提升自己的职业素养，以实现自己的职业理想？

实践活动

填制“所学专业信息汇总表”

学完第一节内容，我们知道每个专业都有一定的培养目标、就业方向和素质要求。请根据班级人数平均分组，通过网络、报刊等途径查阅相关资料，汇总所学专业的相关信息，共同完成表 3-1 的填制。

表 3-1　所学专业信息汇总表

专业名称	专业对应的职业群		岗位需求	对从业者的素养要求	面对的挑战及应对措施
	横向	纵向			

过程记录

活动参与人员：

活动开展计划：

活动开展难点及解决方案：

心得体会：

活动评价

教师可参考表 3-2 对各小组填制的表格内容进行评价。

表 3-2　实践活动评价表

评价标准		分值	分数小计	教师评价
表格填制完整，有精准的分析过程，有相关数据、政策做支撑	视小组表格填制的完成度、合理性酌情给分。例如，对于表格填制完整且有相关政策、数据的小组给予高分	40 分		
各组员均积极参与	每缺席一名组员扣 5 分，扣完为止	30 分		
对于活动开展中的问题积极解决	活动中遇到的问题未能解决的，酌情扣分	30 分		

第二节　精益求精，践行工匠精神

透视生活

匠心组装航天梦——崔蕴

崔蕴：用生命造火箭

“不留隐患，不留遗憾，实现航天梦想容不得半点马虎。”这是崔蕴始终坚持的信念。生于1961年的崔蕴，1982年进入航天一院工作，现已从事火箭（导弹）装配工作30余年，参与组装的火箭有70余发。

在很多人眼中，崔蕴是个造火箭的“天才”，而“天才”多是由1%的天赋加99%的努力造就的。为了做到对总装火箭“不但知其然，还知其所以然”，崔蕴常常泡在一部设计人员的实验室里。别人周末出去游玩，他却把业余时间用于充电，西单图书大厦的航天书架旁，他往地上一坐就是一整天，一边看一边做笔记。本就基础扎实的崔蕴，再加上有一股钻劲儿，各方面能力突飞猛进。他在车间装配一组、二组、五组、工艺组、调度组、重点型号装配组等不同岗位都工作过，从操作、到技术，再到管理，无不精通。

1990年7月12日是崔蕴永远不会忘记的日子。那一天，在西昌火箭发射基地，长征二号E火箭在靶场试发射时，突发燃料泄漏，崔蕴和同事第一时间上前补漏抢险。火箭燃料是有剧毒的，而当时航天一院还没有过抢险经历，也没有防护服。抢险人员仅仅往身上洒了些碱水就戴着“猪鼻子”滤毒罐进舱了。这次抢险令崔蕴肺部遭受了烧蚀，使他一度生命垂危。这一年，崔蕴29岁，是抢险队员中最年轻的一位。

抢险回来后，航天一院安排他做工艺员，可他却主动申请回去当装配工人。他说：“我就喜欢造火箭。”然而在崔蕴带领着第五生产组攻关某重点型号批产任务时，他突然被脑血栓击倒了。还好崔蕴正值壮年，很快就康复出院了。为了尽快恢复身体，更好地胜任总装工作，他开始了“自虐式”暴走锻炼法。每天晚上下班后，他要散步4个小时。为了挑战极限，他还徒步走完了二环路、三环路和四环路，最长的一次用时16个小时。高强度的暴走锻炼法，成功地让崔蕴的血脂降到了正常范围。

然而，在一次去锻炼的路上，他的脑血栓疾病第二次发作。这次脑血栓发作后，崔蕴受病痛影响，在很长时间内走路都无法走直线。他以为自己这一辈子只能在调度岗位上，看着心爱的火箭继续前行了。

然而，也许是因为崔蕴对火箭总装工作饱含热爱，机会再次不期而至。2014年起，新一代运载火箭长征七号进入了关键阶段。合练、动力系统试车等各种大型试验接踵而至。

211 厂天津厂区总装厂房第一次启用，新型号、新环境、新设备，再加上一支缺乏系统总装经验的新兵队伍，要在规定时间内完成各项总装任务，面临巨大挑战，急需一个“领头羊”来担此重任，而崔蕴是担起重任的最佳人选。2014 年底，首枚长征七号火箭诞生。

火箭发射倒计时过程中，需要随时做好应急准备。每当这时，崔蕴都会主动请求担任抢险队队长，他说：“干火箭，交不起学费，尤其是射前抢险，稍有闪失，都会付出血和泪的代价。这帮孩子年轻、经验少，我带着也能放心。”就这样，他犹如“定海神针”一般，带领年轻队员在火箭发射塔架上恪尽职守、舍生忘死，每次都坚持到火箭发射的最后一刻。

2021 年 4 月 26 日，长征五号 B 遥二火箭发射天和核心舱倒计时 51 小时，火箭单向阀突发故障，不能关闭。年近六旬的崔蕴再次请战，进舱指导操作。舱内空间狭小，只能半蹲操作，他和年轻队员一蹲就是 4 个小时，最终顺利排除故障，发射如期进行并取得圆满成功。

既然选择了远方，便只顾风雨兼程。与死神的交锋、与病魔的斗争，改变不了他一生的梦想。崔蕴，用执着守护心中的信仰，用生命热爱祖国的航天。

议一议

在崔蕴身上，你看到了哪些可贵的精神品质？结合你的经历，谈谈你对工匠精神的认识。

一、工匠精神的内涵

工匠精神属于职业精神的范畴，是从业者的一种职业价值取向和行为表现。具体而言，它是从业者对产品精雕细琢、精益求精的信念，是不断改善工艺、享受产品升华的精神追求，其基本内涵包括以下四个方面。

（一）全身心投入的敬业精神

敬业是从业者基于对职业的敬畏和热爱而产生的一种全身心投入的认认真真、尽职尽责的职业精神状态。

敬业精神要求从业者在自己的领域树立主人翁意识，把职业当作事业来对待，在工作中秉承积极向上、认真踏实、恪尽职守、精益求精的工作态度，培养艰苦奋斗的劳动精神，以正确的人生观、价值观指导和调控职业行为，力争为企业、行业乃至国家做出贡献。

互动空间

与大家分享你所熟知的有敬业精神的人物，说说他们身上还有哪些优秀品质值得学习。

（二）追求卓越的精益精神

精益精神是对精品的执着、坚持和追求，是从业者对每件产品、每道工序都凝神聚力，追求极致的职业品质。精益求精的过程是反复改进，不断完善，将品质从99%提高到99.99%的过程。正如老子所说，“天下大事，必作于细”，许多大国匠人都是凭着精益精神获得成功的。

榜样故事

“深海钳工”第一人

中国“深海钳工”第一人、全国五一劳动奖章、全国技术能手、全国职业道德建设标兵、全国最美职工、中国质量工匠、大国工匠、齐鲁大工匠……一系列沉甸甸的荣誉集于一身，他就是中交第一航务工程局第二工程有限公司总技师管延安（见图 3-3）。他参与建设了举世瞩目的港珠澳大桥，凭借一丝不苟、追求卓越的工匠精神，实现了拧过的 60 多万颗螺丝零失误。

图 3-3　正在一丝不苟、聚精会神工作的管延安

追求卓越：毫米之间见“匠心”

2013 年，管延安受命前往珠海牛头岛，带领钳工团队参与建设港珠澳大桥岛隧工程。长达 5.6 千米的外海沉管隧道，由 33 节巨型沉管连接而成。

管延安和他的团队主要负责沉管舾装和管内压载水系统等相关作业。他的一项工作是负责安装沉管阀门螺丝。如果在陆地作业，只要拧紧螺丝就够了。但要在深海中完成两节沉管的精准对接，确保隧道不渗水不漏水，沉管接缝处的间隙必须小于 1 毫米。1 毫米的间隙，根本无法用肉眼判断。可管延安硬是通过一次次拆卸练习，凭着“手感”创下了零缝隙的奇迹。为了找到这种“感觉”，他拧螺丝时从不戴手套。经过数以万计次的重复磨炼，管延安练就了一项高精准绝技：左右手拧螺丝均实现误差不超过 1 毫米。

在一次次操作中，他甚至还练就了“听感”，通过敲击螺丝，从金属碰撞发出的声音中，判断装配是否合乎标准。在他听来，不一样的安装，会发出不一样的声音。管延安从此获得中国“深海钳工”第一人的美誉。

精益求精：60 万颗螺丝零失误

在参与建设港珠澳大桥的 5 年里，管延安和他的工友们先后完成了 33 节巨型沉管和 6 000 吨最终接头的舾装任务，做到手中拧过的 60 多万颗螺丝零失误，创造了中国工匠独有的技艺技法。

管延安带领的团队知道，从第一颗螺丝到最后一颗螺丝，都是在管延安带领下认认真真、仔仔细细一颗一颗拧紧的。在每一件设备、每一颗螺丝安装后，管延安都坚持反复检查。

尽管已经是公司的总技师，但管延安仍然忙碌在生产一线，平时最喜欢听的仍是机械加工和锤子敲击声。20 多年的钳工生涯，他乐此不疲。“宝剑锋自磨砺出”，他觉得只有扎根一线，不断精益求精，技艺才能臻于至善。

（三）持之以恒的专注精神

专注是内心笃定，着眼于细节的耐心、执着和坚持，是大国工匠必备的精神特质。

成功的人大多“术业有专攻”。他们一旦选定行业，就一门心思扎根下去，心无旁骛，在各自领域中积累优势、追求卓越。中国早就有“艺痴者技必良”的说法，如《庄子》中记载的游刃有余的厨师庖丁、《核舟记》中记载的奇巧人王叔远等。

（四）追求突破的创新精神

工匠精神中的执着、坚持、专注绝不等同于循规蹈矩、拘泥于一格的“匠气”。追求突破的创新精神意味着工匠必须把“匠心”融入生产的每个环节，既要有对职业敬畏、对质量严苛的职业精神，又要富有追求突破、追求革新的创新活力。

名言警句

一些陈旧的不结合实际的东西，不管那些东西是洋框框，还是土框框，都要大力地把它们打破，大胆地创造新的方法新的理论，来解决咱们的问题。

——李四光

二、工匠精神的传承

（一）工匠精神的当代价值

1. 工匠精神是中国制造的灵魂

为了实现中国从全球制造大国到制造强国的转变，迎头赶上世界制造强国的步伐，成功达成“中国制造 2025”战略目标，就必须在全社会大力弘扬以工匠精神为核心的职业精神。只有当敬业、精益、专注和创新的工匠精神融入生产、设计和经营的每一个环节，实现由“重量”到“重质”的突围，中国制造才能赢得未来。

2. 工匠精神是企业竞争的资本

工匠精神是企业品牌的重要体现，也是培育企业品牌知名度、美誉度及顾客忠诚度的有效途径，更是企业品牌价值增值的重要来源。例如，中华老字号全聚德烤鸭能够驰名世界，正是得益于其“食不厌精、脍不厌细”的工匠精神。

拓展阅读

匠心智造精品　让世界爱上中国造

从 90 年代的“好空调格力造”到今天的“让世界爱上中国造”，多年来格力因“精工智造、匠心品质”在业内一枝独秀，并一直以极其稳固而坚实的态势前行着。在格力电器内部流传着这样一句格言：对质量管理的仁慈就是对消费者的残忍。这可以说是格力拥有一颗“匠心”的最佳诠释。

从“贴牌”到“品牌”

20 多年前，当格力电器还是一个年产值不到 2 000 万元的小厂时，就依靠其真材实料的过硬品质赢得市场青睐。然而，那时的格力由于缺乏核心技术，只能依靠为海外家电厂商“贴牌”生产来拓展海外市场。

自 2005 年开始，格力投入大量人力、资金进行技术研发，“格力”这个品牌也逐渐在海外获得认可。如今，格力已经成为全球最大的专业化空调生产企业，其技术研发能力也在全球首屈一指。

从“制造”到“智造”

格力在 1997 年提出“好空调格力造”的口号，那时，格力还没有摆脱对国外技术的依靠。到 2010 年，格力提出要“掌握核心科技”的口号。此时的格力，已经在研发领域位列世界前沿。到了 2015 年，格力提出“让世界爱上中国造”的口号，其技术自信已经开始充分展现。

"格力从一个没有技术的企业，到自己掌控这一领域的核心科技，这是我们守住了自主研发这一阵地的结果，也是格力在中国市场达到近 50%的份额，在国际市场上实现单品类销量第一的关键因素。"董明珠说。

从市场到责任

对于格力来说，在跨越了早期的技术、语言上的障碍，并充分适应了海外本土的法律法规和社会文化环境之后，海外市场对格力产品的接受度也越来越高。

当被问到格力"出海"的主要推手和策略时，董明珠说道：从眼前的利益看，可能一些技巧能够赢得短暂的收获，但是从长远的企业发展看，我觉得用诚信两个字支撑是最好的手段。"这无疑从另一个层面折射出格力的工匠精神。

"让世界爱上中国造，我们认为它是一种责任担当。格力的目标从来不仅是海外市场的开拓，更重要的还在于带领中国制造走出去，带着优质的产品走出去，携带高端技术走出去，最终实现品牌走出去，让格力的技术、产品服务于全世界。"董明珠表示。

3．工匠精神是个人成长的指引

工匠精神作为一种职业精神，是我们提升个人精神追求、完善个人职业素养、实现个人成长进步的重要道德指引。事实上，具备高尚的职业操守和强烈的工匠精神，同拥有专业的知识技能一样，是我们立足职场的重要条件，是我们在未来职业生涯中脱颖而出的制胜法宝。

（二）在实践中传承和弘扬工匠精神

我们身边总有一些人，他们执着、坚守，对自己的工作和产品精益求精。如潜心 21 年苦心钻研的铁轨工匠信恒均；在故宫里从事修复工作十余载，让古钟重现光华的王津……

作为中职生，我们可以通过毕业设计、社会实践、社会兼职等活动，在劳动过程中不断探索、创新，在实践中培养吃苦耐劳精神，切实传承、践行精益求精的工匠精神。

实践活动

诵读匠心故事

学习、践行、弘扬工匠精神，是对每个肩负中华民族伟大复兴任务的从业者的要求。作为国家未来的高素质人才，我们应当为营造劳动光荣的社会氛围和精益求精的敬业风气

而努力，为成为知识型、技能型、创新型劳动者大军中的一员而奋斗，自觉传承、践行工匠精神。

请以小组（6～10 人）为单位，选取合适的大国工匠故事题材，再重新改编，长度约为 800 字，然后进行配音诵读，让大家感受匠心力量，传承工匠精神。

过程记录

参与人员：

故事概要：

排演要点及完成情况：

心得体会：

活动评价

教师可参考表 3-3 对小组的诵读表演进行评价。

表 3-3　“诵读匠心故事”活动评价表

评价标准	评价细则	分值	分数小计	教师评价
故事选材	主题符合要求，很好地表现了工匠精神	20 分		
	编排合理，长度合理	10 分		
表演水平	语言流畅、充满感情、富有感染力	25 分		
	小组成员配合默契	10 分		
	表情及眼神到位	15 分		
舞台效果	背景音乐、服装等选择恰当	10 分		
	表演完整，反响热烈	10 分		

第四章

和谐交往　快乐生活

04

导　语

在成长的道路上，父母、教师、同学都是我们的同行者，他们给予我们理解、支持和帮助，伴着我们越走越远。无论亲情、师生情还是同学情，都需要我们用心去维系。

大千世界，无奇不有。尽管身处校园，但在我们的周围也存在着许多不良行为和不良诱惑，我们要学会筑起心灵的防火墙，抵制种种不良行为和诱惑，健康快乐地生活。

学习目标

- **认知：** 了解亲子冲突；了解师生冲突；了解同学交往障碍；了解校园暴力和不良诱惑。
- **领会：** 理解亲情、师生情、同学情对个人成长的意义；理解抵制校园暴力和各种不良诱惑的重要性。
- **提高：** 掌握正确的人际交往方式；养成健康的生活方式和行为方式。

第一节　感恩父母，建立和谐亲子关系

透视生活

一放假就被“嫌弃”

近日，网上出现了这样一个帖子：一位高中生抱怨道，因为高中住宿，所以每次放假回家那天父母都会很开心。但跟父母度过了一周的“蜜月期”之后，自己就会处处遭嫌弃，和他们就像针尖对上了麦芒，苦不堪言。

这个帖子很快就被推上了热门，得到了众多网友的回应，他们纷纷表示，“一模一样！同一个世界同一个妈”“我妈也是这样的，我现在感觉自己怎么做都不对了”“你们还能坚持七天，我爸妈最多两天就对我厌烦了”。

很多网友也分享了他们自己的经历。“我妈每天 7:30 喊我起床，这就是一场战争。”小安说自从放假回来，和妈妈几乎是“每天一小吵，三天一大吵”。“一早就叫我起来吃饭，晚上看电视看到 9 点多我妈就会催我睡觉，不睡觉就会隔一会儿念叨一下，跟定时闹钟一样。”

“‘就知道躺着，什么都不干，不知道多懒。你不在，家里还安静点’，这是放假回家后我爸妈经常说的话，在学校的时候精神总是紧绷着，整个人都很疲惫，放假回家了，就想在家轻松一下，晚一点起床，可是他们每天很早就怒气冲冲到我房间念叨我，我又有点起床气，很容易我们就会吵起来。事后心里又会有一点后悔，因为他们确实初衷也是为了我好。”

“我放假回去父母说得最多的一句话就是，‘你不回来还好，家里干干净净，一回来，整个家都乱七八糟’，你永远不知道我妈的标准是什么，我觉得很干净、很整洁的房间，她怎么看都不顺眼。我被子也叠了，地也扫了，可能桌子上一张卫生纸，她就要说我不爱干净，天天什么家务都不帮忙。有时候还是有一点委屈的。”

“我一在家，我爸就说，‘你每天在家躺着玩手机，人都要生锈了，你不能出去走走，找朋友玩一玩吗？’，然后我听了他的意见，常常约不同的朋友出去吃饭、逛街，他又不乐意了，‘这么点孩子，天天不着家，心都要长在外面了’，不知道怎么做他才满意。”

“我爸妈需要打交道的朋友很多，经常要一起吃饭，他们就非要带着我，我其实一点都不想去。他们说我没有礼貌，不知道跟人打招呼，可是很多人我确实是见得少，不记得该怎么称呼了，我也不想去跟陌生人热络聊天，觉得很尴尬。但是我爸妈就很嫌弃我这样，每次回家都要唠叨我很久，我心里其实也很烦躁。”

有调查显示，近八成的学生都有放假在家被父母唠叨的经历，其中绝大多数都是因为父

母认为孩子生活不规律、娱乐时间过多、不帮忙做家务等（见图 4-1）。但是经历过父母唠叨，与父母发生过摩擦的学生中，只有四成多学生尝试和父母沟通，解决问题。这一数据也展现了现如今亲子沟通不畅的问题。

图 4-1　父母唠叨

议一议

（1）你与父母日常的相处模式是什么样的？你在家是否会被唠叨？

（2）如果你和父母发生矛盾，你会如何解决？

一、亲子冲突的主要表现和产生的原因

亲子冲突是指父母和孩子在目标、观念、需求、意见、期望上的不一致，而造成的双方在认知、行为、情绪上的矛盾或对立。

（一）亲子冲突的主要表现

亲子冲突在生活中通常以言语或非言语的方式表现出来，具体如下。

1．言语冲突

亲子双方在面对一些事情看法不一致时容易产生争论。若在争论中双方情绪失控，言语也会逐渐变得粗暴且具有攻击性，从而引发冲突。

互动空间

一次小长假，某职校要求学生回家在网上查询问卷模板，根据相关资料制作一份调查问卷，作为假期的作业。该校学生小林在假期的一天吃完晚饭后说要去做作业，回房间打开了电脑，母亲质问她为什么一边做作业一边玩电脑。如果你是小林，为避免与母亲的言语冲突，你会怎么做？

2．身体冲突

现如今，依旧有不少父母受“棍棒底下出孝子”的错误观念影响，在对子女进行教育时，不考虑子女的人格与尊严，对子女拳打脚踢。正处于青春期的子女，由于情绪多变且容易冲动，可能会对父母进行反击。

3．隐性冲突

亲子冲突中的隐性冲突就是通常所说的“冷暴力”“软暴力”等。部分家长在孩子犯错后，态度会变得非常冷淡，用沉默给孩子施加压力。有些孩子情绪受挫，却没有足够的力量与父母进行对抗时，也会倾向于选择较为安全的方式来表达自己的不满，如回避等。

（二）产生亲子冲突的原因

现代亲子之间产生矛盾与冲突，出现关系不和谐的情况，主要是受父母对子女的态度和子女本身心理发展因素的影响。

1．父母对子女的态度

（1）忽视

在现代社会中，人们生活、工作的节奏越来越快，生存、竞争的压力也越来越大，因此，很多父母只能将更多的时间和精力投入到工作中，导致没有充沛的精力去关注子女，与子女之间的沟通缺失。

当子女希望与父母分享自己的喜怒哀乐时，却没有得到父母的积极回应，之后他们就可能会采取和父母争吵的方式，来寻求父母的注意。

（2）专制

《包宝宝》

在许多父母眼里，孩子永远是孩子，他们要求子女对自己绝对服从，却并没有意识到青春期的子女正处于从幼稚到成熟、从依附到独立的过渡阶段。父母依然习惯于按照儿童期亲子关系的模式对待青春期的子女，对子女的保护过多，给予独立的空间太小；对子女的尊重、信任不够；对青少年渴望独立的心理需求察觉不足。

此外，许多父母习惯于用自己的价值标准去要求子女，以命令态度对待子女，有的甚至会以强制手段压制子女意愿，让孩子无法理解和接受。

（3）娇纵

在当今社会中，父母溺爱孩子的现象也比较普遍。儿童时期，父母总认为孩子还小，对孩子充满关爱和温情，但很少有要求和限制，他们允许孩子想做什么就做什么。但是，在娇纵中长大的孩子很难学会自我控制，慢慢变得霸道又固执，当与父母相处时，始终以自我为中心，父母此时再想管教孩子，很容易会引起孩子的反抗。

2．子女的心理发展因素

进入青春期后，青少年逆反心理增强，并表现出前所未有的独立性和封闭性。因此，当他们和父母协商解决问题时变得更加独断，他们会努力改变自己的地位，挑战父母的权威性，不再表现出对父母一味地顺从，希望以此证明自己的成长，这种行为也会使亲子间的矛盾滋生。

此外，青少年对父母也有了新的期望标准，但父母却很难迅速调整自己的心态，以适应孩子心理的巨大变化。

二、建立和谐亲子关系的方法

与父母和谐相处是门大“学问”

亲子关系是家庭中最基本、最重要的一种关系。和谐的亲子关系对孩子认知和情感的发展、健全人格的形成都具有极其重要的影响。

（一）和谐亲子关系的重要性

1. 给予孩子爱、自信心和安全感

当父母与孩子之间充满着爱的流动，孩子的心里就会充满爱和温暖，他能够从与父母的相处中学会如何去爱别人（见图 4-2）。如果父母给予孩子足够的关注，并在与孩子沟通交流的过程中不断给予其肯定、赞美、鼓励和支持，就能够使孩子感受到被需要、被重视，从而获得足够的自信心与安全感。

图 4-2　和谐的亲子关系

2. 有助于孩子形成较强的心理韧性

温暖的家庭环境、和谐的亲子关系，有利于孩子形成较强的心理韧性。心理韧性较强的孩子通常具有乐观的生活态度，遇到问题能够勇敢地面对并游刃有余地解决，经历逆境创伤时能够保持或很快恢复正常的心理机能。

倘若亲子关系不和谐，可能会对孩子的人格发展产生影响，并导致孩子各种行为问题的发生，如离家出走、辍学、早恋早孕、药物滥用、犯罪等。此外，长期的亲子冲突甚至可能导致孩子自伤行为的出现。

互动空间

根据自己的所见所闻，请你具体描述一下你心目中和谐的亲子关系是什么样的。

（二）建立和谐亲子关系的具体方法

为建立和谐的亲子关系，中职生应该从以下方面着手做出努力。

1. 要自觉地尊敬父母

中职生应深刻体会父母养育的艰辛，感谢父母的辛勤付出。父母正在经历的，可能正是子女将要经历的，所以中职生应客观地看待自己与父母在知识和能力上的差别，从内心里尊重父母，重视父母真实而宝贵的人生经验，虚心地听取他们的教诲。

2. 多与父母谈心，缩短感情距离

作为不同的两代人，父母与子女在思想观念、行为方式等方面存在差异。很多中职生把这种差异看作是和父母交流的障碍，遇到事情更愿意寻求朋友的帮助，使得亲子间感情越来越淡漠。

中职生应主动与父母沟通谈心，让父母了解自己的生活，了解自己的心事，理解自己的愿望。例如，在饭前或饭后，主动和父母谈谈自己的学校、教师和朋友，高兴或不高兴的事，让他们一起分享自己的喜怒哀乐（见图 4-3）。

图 4-3　主动与父母谈心

3. 谨记三思而后行

中职生在与父母的沟通中应该要学会冷静，三思而后行，并善于反思、反省。例如，当和父母交流时，不要随便发脾气、顶嘴，避免说出伤害父母的话，做出伤害父母的事。

4. 温和地处理分歧和矛盾

当与父母意见产生分歧时，不应一味地抱怨父母不理解自己，不了解当代青少年的心理特点和需求。中职生应该用温和、委婉的方式表明自己的看法，然后客观地分析、评价自己与父母双方的观点，心平气和地承认自己的不足与错误，欣然接受父母的合理化建议。要学会“换位思考”，尽力站在父母的角度理解父母，并通过协商、冷静处理等方法技巧性地解决分歧和冲突。

实践活动

争做家务小能手

做家务似乎只是简单的重复性动作，是一件“小事”，但其实好处很多，如培养动手能力，体验劳动的乐趣，塑造温馨的家庭氛围等。

请根据自己家庭的具体情况制订家务劳动计划，并严格执行计划。要求用 PPT 或短视频的形式记录劳动过程，并在班级内展示、比拼。

过程记录

具体计划：

计划实施情况：

计划实施难点及解决方案：

家长点评：

活动评价

教师可参考表 4-1 对学生制订的家务劳动计划及实施情况进行评价。

表 4-1　“争做家务小能手”家务劳动计划实施情况评价表

评价标准	分值	分数小计	教师评价
计划切实可行	10 分		
计划有层次，目标有阶梯	10 分		
积极主动，能够按计划做家务劳动	25 分		
做家务时认真细致	25 分		
家务完成出色	30 分		

第二节　尊敬老师，建立良好师生关系

透视生活

睿智的老师

在江苏盐城，有一位青年语文老师崔春兰，一次她走进课堂，发现黑板上有“应敢崔开春兰”六个字。这是一个调皮的学生拿她和一个青年男老师应开敢的姓名搞恶作剧。显然，如果当场查问，很有可能谁也不肯说，容易出现冷场僵局。

崔老师冷静地做出这样的处理：既不追问谁写的，也不将其擦去。只是板书时在这六个字的周围留下空白，让其突显出来。正好又结合授课中涉及的语序和嵌字，巧妙地联系有人利用著名书法家于右任写的“不可随处小便”的标语，变序为“小处不可随便”的格言式条幅的故事，说明利用变序可达到特殊的修辞效果。她说道：“这是积极的变序，但也有利用变序搞恶作剧的，这里不再举实例。”

事实上，同学们都意会了黑板上活生生的恶作剧的例子。在黑板上乱写的学生受到很大震动，课后立即找老师检讨错误。

议一议

（1）作为学生，你如何看待上述事件？

（2）如果你和老师之间发生矛盾，你会如何解决？

一、师生冲突的主要表现与产生的原因

师生冲突指教师与学生由于价值观、角色、占有资源和知识的多寡等方面的差异而产生的不一致、对立和相互干扰。教师的职责是教书育人，学生的任务是读书成人，同处校园的教师和学生之间，可能会产生矛盾与冲突。现如今，师生间的矛盾引起了社会各界的广泛关注。

（一）师生冲突的主要表现

1. 言语冲突

师生之间的言语冲突，是指师生在认识、情感、思想等方面有严重分歧的情况下，双方之间发生的言语上的对抗。例如，教师实行打压式教育，而学生希望得到鼓励式教育，面对教师的讽刺、责备，学生也采取“出格”的言语回应。

2. 肢体冲突

肢体冲突一般发生在学生不服从教师管理教育时，教师通过命令学生站立上课、离开教室或没收学生物品等措施，对学生实行惩罚。学生因感到自尊心受伤害而进行反抗，使得教师感到权威被挑战，从而导致师生行为失控。

（二）产生师生冲突的原因

师生关系是教育活动中最基本、最重要，同时也是最活跃的人际关系，而有人际交往的地方就难免有冲突现象。师生之间冲突的产生，一般有以下几种原因。

1. 教师方面

（1）过分看重教师的权威

教师的权威神圣不可侵犯，这一固有观念使教师们认为自己处在比学生优越的地位，学生必须无条件尊重自己，不得有半点对教师的挑衅性语言或动作。学生如果稍有不从，教师就会认为是和自己过不去，而做出激烈的反应，轻则语言指责，重则直接对学生实施暴力。

成长故事

想成为老师那样的人，助他人圆梦

2018 年的夏天，邱智晖进入三水区理工学校就读汽车运用与维修专业。3 年后的夏天，邱智晖考上了本科，被广东技术师范大学车辆工程专业成功录取，妥妥地“逆袭”了一把。

邱智晖说，在三水理工学校学习的三年，对自己影响最大的是学校老师。他回忆自己刚上中职一年级时，不适应学校的管理要求，因为违纪扣分跟班主任产生误会，当众顶撞了班主任。但他没想到的是，班主任根本没有把它放在心上，一如既往地关心自己。“说不感动是假的。”邱智晖说，老师教给自己的不仅是知识，还有做人的道理。

在学校老师的教导和自己的努力下，邱智晖如愿以偿考上了本科。对于未来，邱智晖已经有了初步规划。他说，读完本科后，他还打算接着读研究生，毕业后成为一名老师，“像三水理工学校的老师一样，用自己的专业知识帮助更多的学生”。

（2）过分看重学生成绩

教师在教学活动中，认为学习才是学生的唯一要务，过多注重对学习成绩的评价，而忽视了对学生综合素质的评价，使得学生挫败感强烈。

（3）教师能力素质不高

教师缺乏对学生的了解，不能客观地评价学生；缺乏组织教学的能力，不能很好地管理学生；面对突发事件，不能冷静有效地处理……这些都会引起学生的不满，使得师生之间产生嫌隙与矛盾。

名言警句

常常以教育的巨大不幸和失误而告终的学校内许许多多的冲突，其根源在于教师不善于与学生交往。

——苏霍姆林斯基

2．学生方面

（1）学生不尊重教师

有些学生认为教师在处理问题上不公平、不公正，有偏袒之心，渐渐地也不再尊重教师，甚至抵触教师。此外，也有些学生自小养成了一些不良习惯，行为张扬，故意不尊重教师，从而引起师生冲突。

（2）学生情绪理解能力和控制力不强

大多数中职生因为处在青春期，各方面的发展还不成熟，不能很好地控制自己的情绪，遇到事情容易慌张、冲动、不考虑后果。例如，学生犯了一个小错误，教师批评几句，学生虚心听，事情就结束了。但是有些学生会认为自己受到不公平对待，因而和教师发生争执。

（3）学生想要寻求注意、彰显自我

青春期的学生，大都有一种“获得注意”的潜意识。在课堂上，有些学生认为自己无法通过学习获得认可、彰显自我，就试图通过课堂的违纪行为来获得注意。而很多教师并未认识到这些学生的心理需求，采取了强硬的方式进行制止，这使得师生关系更加紧张。

（4）学生的家庭因素

部分学生由于家庭的溺爱而非常自我，他们无法接受教师的管教；部分学生家庭关系长期不和，家庭教育的缺失造成了孩子在思想和行为上的缺陷与偏差，这种偏差延伸到课堂中，极易引发师生冲突。

二、建立良好师生关系的方法

师生关系贯穿整个教学过程，良好的师生关系是实现教育教学的基础。只有建立良好的师生关系，教师才能很好地开展教育教学工作，学生才能受到良好的教育、健康成长。

（一）良好师生关系的重要性

良好的师生关系是建立在师生全面交往基础上的，师生之间沟通顺畅、和谐相处，既有利于学生的健康成长，也有利于学校维持良好的教学秩序（见图 4-4）。

图 4-4　良好的师生关系

1. 良好师生关系有利于学生的人格发展

良好的师生关系里，教师和学生的人格是处于平等地位的。在求学这个学生成长的关键时期，教师尊重学生、信任学生、关怀学生，关注学生的个性差异，能够使学生感受到被理解和肯定，从而在真诚和谐的氛围里形成健全的人格。

2. 良好师生关系有利于教师的课堂教学

《学记》有言："夫然，故安其学而亲其师。"这句话充分说明了只有学生愿意亲近教师，才能心悦诚服地接受教师的教育。和谐的师生关系有助于建立一个良好的教学环境，只有在此环境中，教师与学生才能进行良好的互动，进而形成教师愿教、学生愿学的局面。

互动空间

学生大部分时间都在学校里，不可避免要和老师交往。作为学生，请你具体描述一下你心目中良好的师生关系是什么样的。

（二）建立良好师生关系的具体方法

为建立良好的师生关系，中职生应该从以下几方面做出努力。

1. 正确认识自己生理和心理的变化

在师生关系中，学生最能把握的角色就是自己。良好师生关系的建立，需要中职生正确地认识并且接受自己的生理和心理的变化，在追求独立自主时，要学会有意识地控制自己的情绪，抑制自己的冲动，恰当地向教师表达自己的需求。

2. 尊重教师，摆正自己学生的位置

《师说》有言："师者，所以传道受业解惑也。"教师是学生的指明灯，负责用知识充实学生的头脑，培养学生健全的人格和积极向上的人生态度。因此，中职生应该尊重自己的老师，多从老师身上吸取有益的营养。

尊师重道大家谈

拓展阅读

师道的力量

蒋天枢（1903—1988 年）字秉南，江苏丰县人，文史学家，复旦大学教授，曾师从陈寅恪学习文史。

陈寅恪晚年，在病榻上将自己全部著作的整理出版工作全权授予蒋天枢，这被后辈学人视为他一生学问事业的"性命之托"。在陈寅恪托付毕生著作的那几日见面中，一天，蒋天枢如约上门，恰好陈夫人不在，没有人招呼他，陈寅恪已目盲，忘记了让他坐下，径直开始谈话，结果蒋天枢就一直毕恭毕敬地站在老师床边听着，几个钟头始终没有坐下。那年，他已年过花甲。

晚年，蒋天枢放弃了自己学术成果的整理，全力校订编辑陈寅恪遗稿，终于在 1981 年出版了 300 余万言的《陈寅恪文集》。当时出版社给他 3 000 元整理费，他一分钱也没收，全部退还。因为他说"学生给老师整理遗稿，怎么可以拿钱呢"。到了 90 年代，陈寅恪突然"走红"，很多人出来自称是陈先生的弟子，蒋天枢却从来没有说过一句话，没有借陈寅恪来扬名。

蒋天枢这样对待老师的方式，在有些人眼里有点迂腐，但其背后传递出的是对老师的尊重、敬重和深爱。

3. 理解和接纳教师

俗话说："金无足赤，人无完人。"因此，中职生除了要了解教师的优点与长处之外，还应该理解和宽容教师的缺点或不足，并在合适的时机，用委婉的态度向教师提出自己的意见。此外，中职生还可以寻找和教师的不同点与矛盾点，适当调整自己，发掘与教师之间的共同点，从心底接纳教师，从而与教师建立彼此认同的和谐师生关系。

4. 树立自信，主动接近教师

师生关系的深入发展既需要教师关注学生，也需要学生主动接近教师。每个中职生都应该树立自信，培养主动与教师交往的意识。与教师之间的互动内容可以不局限于知识问

题和学业问题等，也可以是生活、交友等问题，师生之间心灵的沟通和情感的交流，更有利于拉近中职生与教师之间的距离，建立良好的师生关系。

拓展阅读

为了建立良好的师生关系，教师应该做什么？

第一，教师应正确认识自己的权威。教师作为师生关系的主导角色，应该做到既不专制也不放任。在与学生的相处过程中，应该合理把握自己的权威，既要规范学生的行为，又不压抑学生个性。

第二，教师应树立正确的学生观。所谓学生观是指教师对学生的看法和态度。教师应该尽可能地深入了解不同学生的精神世界，不简单地以学习成绩来划分学生优劣，平等地看待每个学生，从而获得学生的信任。

第三，教师应提升自己的素质修养。首先，教师从事教育活动，必须具有一定的职业素养，热爱自己的岗位，热爱自己的学生；其次，教师的知识水平是从事教学的前提。面对新时代的学生，教师应该与时俱进，保持开阔的眼界，不断丰富自己的知识，拉近与学生之间的距离。最后，教师应该不断提高自己的教学能力，尽可能做到因材施教。

实践活动

演话剧，谢师恩

在漫漫求学路上，老师传授我们知识，教会我们如何做人做事。“为学莫过于尊师”，感恩老师是对每一个学生的要求，也是学生道德素养的体现。

在日常的相处中，老师和我们之间一定发生过很多有趣或者记忆深刻的故事。请以小组（6～10 人）为单位，围绕“我与老师”排一场话剧，讲述师生故事，体验师生交往的冲突情境与和谐情境，增进相互间的理解。

过程记录

选定人物：

故事脉络：

排演要点及完成情况：

心得体会：

活动评价

教师可参考表 4-2 对小组的话剧表演进行评价。

表 4-2 “演话剧，谢师恩”活动评价表

<table>
<tr><th>评价标准</th><th>评价细则</th><th>分值</th><th>分数小计</th><th>教师评价</th></tr>
<tr><td rowspan="3">剧本构思</td><td>剧本主题符合要求</td><td>10 分</td><td></td><td rowspan="9"></td></tr>
<tr><td>剧情编排合理</td><td>15 分</td><td></td></tr>
<tr><td>构思巧妙，很好地展现了师生情谊</td><td>15 分</td><td></td></tr>
<tr><td rowspan="4">表演水平</td><td>舞台表现感染力强</td><td>10 分</td><td></td></tr>
<tr><td>语言流利</td><td>10 分</td><td></td></tr>
<tr><td>小组成员配合默契</td><td>10 分</td><td></td></tr>
<tr><td>表情及眼神到位</td><td>10 分</td><td></td></tr>
<tr><td rowspan="2">舞台效果</td><td>服装、道具使用恰当</td><td>10 分</td><td></td></tr>
<tr><td>表演完整，反响热烈</td><td>10 分</td><td></td></tr>
</table>

第三节　感谢同学，建立友好同伴关系

透视生活

因生活习惯不同产生寝室矛盾

最近小周找到自己班的辅导员，述说了她遇到的问题。小周说本来公共卫生每个人都有责任，一开始自己寝室的多数人都会注意整体的卫生，只有一个室友小王卫生做得特别差，她扔垃圾总是随手往垃圾桶扔，也不管有没有扔进去，却从不扫地，桌子上每天都乱糟糟的，洗漱池里经常残留着她刷牙的泡沫……

久而久之，寝室里的氛围慢慢就变了，其他人好像受到了小王的影响，开始只顾自己那一块儿地方，或者也完全不管卫生这个事情了。

小周说她比较喜欢干净，一开始就自己去打扫（见图 4-5）。但是时间久了，她的心里也不平衡，会想为什么她们那么缺乏集体观念，为什么她们该坐享其成？可她一说这件事，她们就互相推诿，完全不起作用，偶尔生气的时候，说话直接了一点，可能还会发生一点矛盾。

辅导员先找到了小王，在跟她的谈话中得知，她不是不想打扫卫生，只是有时候早上走得急，再加上自己对于生活细节可能不太注意。之后辅导员去到了她们寝室，把情况全面地讲述了一遍，寝室最后决定大家轮流打扫公共卫生，小王的一些坏习惯由室友提醒改正，问题得到了解决。

图 4-5　爱干净的小周

议一议

（1）在校期间，你有因为某种原因和同学发生过摩擦吗？

（2）如果和同学之间出现问题，你会如何解决？

一、中职生同学交往特点

（一）交往愿望强烈

中职生正值思想活跃、情感丰富、精力充沛、求知欲强的年龄阶段。他们对于新环境、新事物和新的群体都充满了好奇心，加之大部分学生都在学校过集体生活，他们迫切希望

与周围的人进行交流和沟通，获得友谊和关怀，因此他们具有强烈的交往愿望。

（二）交往关系平等

随着自我意识的不断发展，中职生对于自尊和平等的要求越来越高，他们希望在与同学交往的过程中相互尊重、坦诚相待、互敬互爱，交往双方不因各自的身份、地位或其他条件而改变交往态度。

（三）交往注重情感，富于理想化

中职生的重心主要是学习，他们和同学的交往较少涉及经济和政治利益，功利色彩不重。他们的交往方式较为感性和直接，更多地注重情感上的交流，讲求心灵深处的默契和共鸣，希望获得纯洁和真诚的友谊（见图 4-6）。

图 4-6　欢聚的中职生

同时，中职生的人际交往具有明显的理想主义倾向。他们通常会以理想的标准要求交往对象，如果发现交往对象的某些不足、缺点和不良品质，就会感到失望，产生挫败感，影响彼此的交往。

（四）交往具有较强独立性

随着中职生自我意识的不断增强，其独立性也表现得更加突出。在班级里，他们会依据自己的性格、特点和爱好，寻求适合的交往对象；他们在积极进行交往的过程中，保持着相对独立的心理倾向，坚持自己的价值观念、行为方式和处事原则；他们彼此之间互相影响，既期望双方在观点上达成共识，也能够保持求同存异的态度。

（五）交往范围扩大，交往方式多样

随着社会现代化和信息化的快速发展，中职生对人际交往有了多层次、多方面的需求，其交往范围逐渐扩大，除了本班级、本专业和本寝室等小范围内的交往，其他班级、专业和社团的一些群体也都成为中职生的交往对象。此外，其交往方式也变得多种多样，如参加各类校园活动、联谊会及社会实践等。

二、同学交往障碍及产生原因

在和同学的具体交往过程中，中职生常常会因为某些不良心理而使交往态度和交往行为产生偏差，从而影响自己与同学之间的关系。在中职生同学交往中，由不良心理导致交往障碍的情况主要有以下几种。

（一）因自卑心理引起的同学交往障碍

自卑是指个体感受到自我价值被贬低的体验。这种贬低或否定可能来自自己，也可能来自外界评价，但更多时候是两者兼而有之。有的职校生因为自卑而对自己持否定态度，与他人交往起来比较吃力，害怕说错话，担心丢面子，长此以往，严重者容易产生社交恐惧，使得人际关系出现障碍。

（二）因以自我为中心引起的同学交往障碍

以自我为中心的交往取向是指在交往中只注重个人的兴趣，为满足个人的需求，而不顾及别人感受的一种交往方式。这种交往方式带有一种自私性，与人际交往中交往双方都是积极主体、交往是双方相互作用的过程相矛盾，因而在人际交往中容易产生障碍。

（三）因羞怯心理引起的同学交往障碍

羞怯心理是因为害怕或胆怯而产生的一种心理不适。带着这种心理去交往就会产生莫名的紧张和不安的感觉，在交往过程中会感到无所适从，从而使得自己在交往过程中处于尴尬的境地，正常的人际交往难以持续。

成长故事

羞怯心理影响交往

赵某，女，某职校二年级学生。上职校以来，因为害羞，她很少与人交流。她一说话就会脸红、心跳、冒汗，甚至全身发抖，说话时眼神躲闪不定，不敢直视对方。她不愿与班上同学接触，总是害怕别人因自己的行为和表现而讨厌自己。不仅如此，她还很怕老师，上课时，只有老师背对同学板书时她才不紧张，只要老师面向同学，她就不敢朝黑板方向看。这种状态持续时间久了，她在家人和朋友面前说话也开始变得不太自然。

她知道自己的性格会影响自己的生活，甚至是以后的成长，强烈希望改变自己。上了二年级后，她暗暗下决心要改变自己，她认为“最怕什么就去做什么”。于是，她先是翻阅了大量心理学的书籍，按照社交技巧去和别人说话，慢慢地，她感觉情况

变好了一些，自己可以直视他人了，说话声音也不那么抖了。之后，她开始不断挑战自己，去参加各种校园精英挑战比赛，如“精彩学院特训营”“课前5分钟演讲”“辩论赛”等。经过一系列的活动，她变得神采奕奕，充满自信。以前的同学们也惊喜于她的现状，觉得她现在有了脱胎换骨般的变化，多了自信、勇气。她说：“在我改变的过程中，遇到的都是友善的笑脸，困难比我想象得要小得多，走出自己心灵桎梏的一小步，就意味着成功了一大步。”

（四）因嫉妒心理引起的同学交往障碍

嫉妒心理是指因失败或某一方面不如别人所产生的羞愧、愤怒和怨恨等感觉，它是自我形成的一种情绪上的体验。中职生在人际交往过程中，嫉妒心理一旦产生，就很难再以一颗平常心去处理与周围同学的关系，它往往带有浓厚的负面感情色彩，把这种感情色彩带到同学交往中去就会产生一种不和谐的感受，从而使人际交往产生障碍。

（五）因猜疑心理引起的同学交往障碍

猜疑心理是指对别人的言语和行为有种种不好的猜想和疑虑，以证明自己主观臆断的正确性。在和同学的交往中，一旦掉进猜疑的怪圈，必定处处神经过敏，事事捕风捉影，对他人失去信任，对自己也产生怀疑，从而损害正常的同学关系，产生人际交往障碍。

三、建立友好同伴关系的方法

求学期是个人成长的过渡阶段，在此期间，与同学建立友好关系尤其重要。

（一）同学和谐相处的重要性

1. 促进自我认知和自我完善

中职生在成长过程中，由于认知不足，可能会过高或过低地评价自己。而在和同学的交往中，可以通过他人的评价和态度，去更好地认识自我。在和谐的关系中，同学们相容、相近、相亲、相爱，彼此可以交流自己的经验，一起解决遇到的问题，从而帮助自我完善。

2. 促进身心健康

在友爱的同学关系中，同学们可以分享自己的快乐和烦恼，每个人都能感受到自己对他人的价值和他人对自己的意义，这能够满足中职生的精神需求，促进其自我肯定和保持愉快的心境。

3. 促成良好学习环境的形成

中职生的从众心理比较强，易受同龄群体影响。同学同在一个班集体里，如果彼此之间友好相处，互相学习彼此的长处，大家就可以养成良好的行为习惯，创建优良的班风，

并形成良好的学习氛围。

互动空间

每天大部分时间你都处在班级这个大家庭里，与同学一起学习，一起生活。那么，请你描述一下你心目中友爱的同学关系具体是什么样的。

（二）同伴间友好相处的具体方法

1. 学会理解尊重

每个人生长在不同的环境中，形成了不同的气质和性格特点，也有着不同的生活习惯。同学之间能否友好相处，很大程度上取决于彼此间的相容程度。如果中职生彼此之间能够互相理解尊重，就能减少不必要的摩擦，大家的关系就容易保持融洽。

名言警句

在人的一生中，再也没有像青年时期有那样强烈地渴望被理解的时期了。没有任何人会像青年那样沉陷于孤独之中，渴望被人接近与理解。

——斯普兰格

2. 学会倾听

在人际交往中，倾听是对他人的一种尊重，有时听比说更重要。要想正确理解别人的想法，必须先听懂对方。要听懂则必须专注地倾听，专注的倾听能够使倾诉者感受到自己的重要性，从而能够鼓励倾诉者表达自己的想法。

3. 注意换位思考

换位思考对建立友爱的同学关系有着十分重要的作用。一般而言，善于交际的人往往都懂得换位思考，他们善于发现他人的价值，懂得尊重他人，愿意信任他人；对人宽容，能容忍他人有不同的观点和行为；不斤斤计较他人的过失，尽可能地帮助他人而不是指责他人。中职生在为人处世上要懂得“己所不欲，勿施于人”，懂得不强求别人，懂得寻找与别人的共同点，多站在对方的角度思考问题。

4. 学会主动帮助和感激

在与同学相处时，中职生要热情地对待同学，无论大事小事，只要是集体的事、同学的事，都积极主动地去帮忙（见图 4-7）。同时，同学之间既要热心帮助别人，也应该乐于接受别人的帮助，彼此真诚相待。

中职生要学会感激。感激是人情的回报，它有多种表现形式，可以是物质的、精神的、行动的。感激会让对方感到你没有忘记他对你表达的善意与提供的帮助，从而更加愿意与

你交往，进而形成良性互动。

图 4-7　同学互助

5．学会赞美

赞美和被赞美是人的心理需求。心理学家认为，赞美能释放一个人身上的能量，调动人的积极性。人人都喜欢得到别人的赞美。要赞美别人，首先要选准角度，选择别人身上的闪光点，不落俗套；其次要内容明确，不要泛泛而谈，给人以应付的感觉，而要将赞美的内容具体到某一方面；最后要语言真诚，言不由衷只会让人生厌。

拓展阅读

从“一无是处”到“家喻户晓”

一个穷困潦倒的青年流浪到巴黎，他想找一份工作。于是，他找到父亲的朋友，希望能得到一些意见。

“精通数学吗？”那人问。

青年羞涩地摇头。

“历史地理怎么样？”

青年不好意思地摇头。

“那法律呢？”

父亲的朋友连连问话，青年只能摇头。

“那你先把自己的联系方式写下来吧！”

青年惭愧地写下了自己的联系方式，转身要走，却被父亲的朋友拉住：“年轻人，你的名字写得很漂亮嘛，这就是你的优点啊！”

“把名字写好也是一个优点？”青年在对方眼里看到了肯定的答案。“能把名字写好，就能把字写得叫人称赞，就能把文章写好！”受到鼓励的青年，一点点地放大自己的优点，兴奋得脚步都轻松起来了。

数年后，青年果然写出了享誉世界的经典作品。他就是法国著名作家大仲马。

实践活动

改善寝室面貌，提升文化格调

寝室是我们在校日常生活、学习、交流的重要场所，从某种意义上讲，学生寝室是反映学生精神面貌和校风校貌的重要窗口。在寝室中营造干净整洁的环境、创造和谐的人际关系、营造文明温馨的寝室氛围、塑造独特的寝室文化，对我们自身的成长助益颇多。

以寝室为单位，寝室成员共同参与，以改善寝室面貌、提升寝室文化格调、彰显寝室独特文化为主题，设计一个活动方案。要求用 PPT 或短视频的形式记录过程，在班级、院系或全校内进行评比。

过程记录

方案主旨：

设计要点：

实施难点及解决方案：

心得体会：

活动评价

寝室长可参考表 4-3 对各成员参与“改善寝室面貌，提升文化格调”活动的情况进行评价。

表 4-3　“改善寝室面貌，提升文化格调”活动评价表

评价标准	分值	分数小计	寝室长评价
参与活动全过程	30 分		
积极主动，献计献策	20 分		
出色完成自己的任务	20 分		
促进活动关键节点的推进	10 分		
有创新意识	10 分		
能充分发挥自己的优点	10 分		

第四节　远离危险，健康快乐成长

透视生活

校园冲突

2018年4月8日晚上10点至12点许，某学院北校区一女生寝室发生多名女生集体殴打、侮辱一名女同学的恶性事件。起因是当天下午上课期间，坐在前排的小裘因后排小谢等同学讲话声音太大，转头“看”了她们一眼，以示提醒。

晚上10点左右，小谢等5人以“谈心”为由把小裘叫到寝室，问她上课时为什么向她们“瞪”眼，随后，双方由言语冲突发展为肢体冲突，最终导致小裘的身心受到严重创伤。

该事件性质恶劣、涉及学生多、影响范围大，第二天一早，小谢等5人因涉嫌寻衅滋事罪被警方带走并拘留，后被学院开除。

议一议

（1）若你和别人发生了冲突，你会主动去和对方沟通、和解吗？

（2）在人际交往中你领悟过什么道理？

一、抵制校园暴力

（一）校园暴力的表现形式

校园暴力是指在校园内，学生间一方（个体或群体）单次或多次蓄意或恶意通过肢体、语言及网络等手段实施欺负、侮辱，造成另一方（个体或群体）身体伤害、财产损失或精神损害等的事件。校园暴力的起因往往十分简单，常常是同学之间的一些小纠纷、小矛盾或双方言语上的冲突，最终演变成暴力事件，造成严重的后果。

校园暴力的形式主要有四种：① 语言暴力，指当众嘲笑、辱骂其他同学及给其他同学取侮辱性绰号等；② 身体暴力，指借助身体的优势欺压比较弱小的同学；③ 社交暴力，指孤立、抵制某个人；④ 网络暴力，指在网络发表对同学不利的网络言论、曝光同学隐私或对同学的照片进行恶搞等。

（二）校园暴力的原因

1. 社会因素

随着西方意识形态的渗透，暴力文化肆虐横行，人们原有的道德价值观受到西方文化的冲击。正值青春发育期的部分中职生，为了求得社会的认同，吸收暴力文化的不良暗示，盲目模仿不良书刊、影视作品、游戏中所渲染的暴力手段，行为不知不觉地表现出挑衅性，在校园中也经常以暴力解决问题。

2. 学校因素

虽然我国已逐步开始强调素质教育，但许多教师还惯于用成绩和分数来评价学生，学生面临巨大的压力，成绩较差的学生由于得不到教师的肯定，情绪紧张，很容易产生自卑感、挫折感。从心理学的挫折理论来看，当人类受到挫折时，易产生攻击行为，而暴力行为正是攻击行为的主要方式。

另外，部分学校只看重学生的学业教育，缺乏有效的法制教育，使得一些学生意识不到校园暴力的严重性，也不知道自己可能会承担的法律后果。

3. 家庭因素

许多父母自己心智并不成熟，情绪化的父母无法使用正确的家庭教育方式，教育子女简单粗暴，而子女非常善于观察和模仿父母的行为。子女对父母的暴力行为耳濡目染，不知不觉中沾染了“暴习”，遇事即想用暴力解决。

4. 自身因素

许多学生认识水平和能力有待发展，缺乏独立判断能力，容易受到外界不良社会环境的感染，接受不良因素的暗示。当他们受到环境刺激时，情绪易于激动。一遇矛盾冲突，在行为上通常会表现出明显的偏执性，妄图用与众不同的方式显示自己的存在，如采用暴力手段任性而为，完全不顾后果的严重性。

（三）校园暴力的危害及对策

你经历过校园暴力吗？

1. 校园暴力的危害

（1）严重影响学生的正常学习生活

经常遭受校园暴力的学生整日生活在暴力的阴影中，学习成绩会严重下降。有的学生由于受到严重的暴力伤害，以至于不得不住院治疗或休学，导致正常的学习被迫中断。甚至有的学生会对学校产生恐惧感，不愿意再上学。

（2）严重影响学生身心健康

校园暴力不但会导致受害者身体受到伤害，而且还会导致当事人出现恐惧、不安、焦虑、抑郁、失眠等不良症状，从而使学业荒废，自我认知下降，甚至在自卑绝望或情绪失

为强烈的报复心理和施暴倾向。

施暴者通过欺凌的形式，来获得某种优越感，然而这种优越感是错误的、扭曲的。施暴者在步入社会后，这种优越感一旦消失，便会不安与自我否定，其可能成为社会的不安定分子。

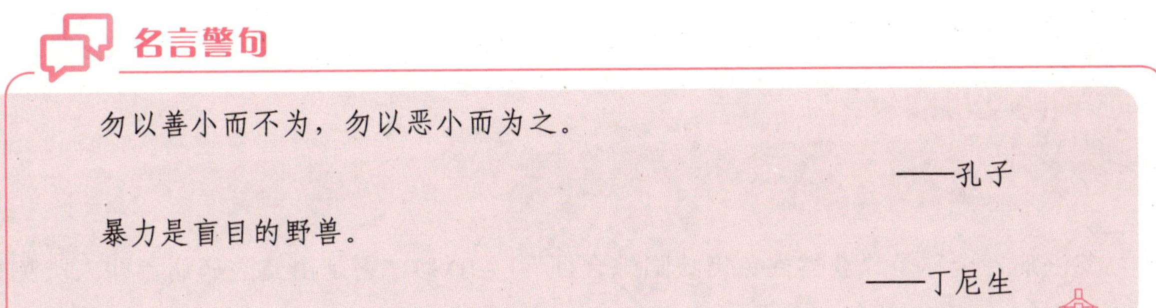

名言警句

勿以善小而不为，勿以恶小而为之。

——孔子

暴力是盲目的野兽。

——丁尼生

（3）破坏社会秩序，使人们对法律失去信心

尽管社会一直在强调要对青少年加强法制教育，使青少年从小知法、守法，懂得用法律武器保护自己，但如果校园暴力的存在状态得不到有效改善，学生受到严重侵害而感受不到法律的作用，那么不但受害者本人会对法律失去信心，连同他们的家人、同学等也会对法律失去信心，最终导致社会的法制宣传事倍功半。

2．正确应对校园暴力事件

（1）及时脱险

当伤害即将发生，首先应想到的是在短时间内尽快脱离险境，这样才能最大限度地避免危害伤及自身。必要时尽量满足对方提出的要求，逃离后及时报警寻求帮助。

（2）正当防卫

当自身安全遭到威胁，又不能及时脱险时，应采取必要的自卫手段，保护自身不受到更为严重的伤害。

（3）寻求援助

在遭遇暴力侵害时，应向教师、同学或校内保卫人员求助，他们会帮助你化解危机（见图 4-8）。如果暴力侵害危机事件已经造成了严重的后果或情况变得复杂，如受害人重伤、加害人畏罪潜逃等，则应向当地公安机关报案，请求援助。

图 4-8　寻求援助

（4）收集证据

当发生伤害事件，既无法脱身，又无法得到援助时，要对一些证据进行有效收集，如加害人使用的凶器、遗留物品，加害人的外貌特征、行为习惯等，为事后相关部门的工作提供线索。

二、预防艾滋病

（一）艾滋病的传播途径

艾滋病，全称是“获得性免疫缺陷综合征”（AIDS）。它是由艾滋病病毒即人类免疫缺陷病毒（HIV）引起的一种病死率极高的恶性传染病。HIV 病毒侵入人体，能破坏人体的免疫系统，令感染者逐渐丧失对各种疾病的抵抗能力，最后导致死亡。艾滋病于 1982 年定名，1983 年发现其病原体，是当前最棘手的医学难题之一。艾滋病病毒在人体内的平均潜伏期为 8～10 年，在发展成艾滋病以前，患者外表看上去正常，他们可以没有任何症状地生活和工作很多年。

已经证实的艾滋病传染途径主要有三条，包括性接触传播、血液传播和母婴传播（见图 4-9）。一般的接触并不会传染艾滋病，如共同进餐、握手等，所以艾滋病患者在生活当中不应受到歧视。

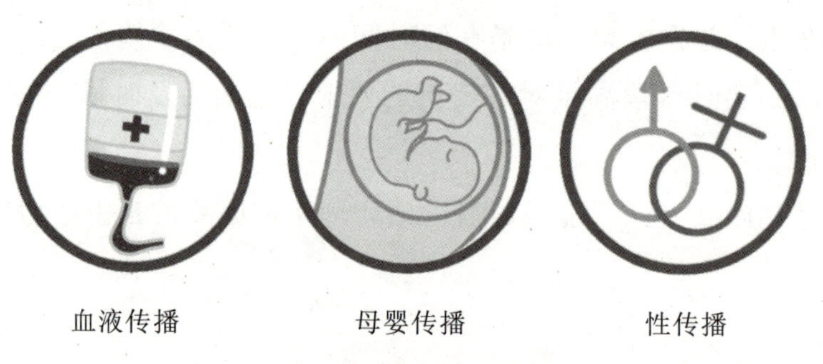

图 4-9　艾滋病传染途径

1. 性接触传播

性接触包括异性和同性之间的性接触。艾滋病感染者的精液或阴道分泌物中含有大量的病毒，在与他人进行性活动时，如果双方生殖器黏膜因摩擦出现细微破损，就可能让病毒乘虚而入。

2. 血液传播

血液传播是感染最直接的途径，通过血液传播的可能如下：① 输入被 HIV 污染的血液或血液制品及类似情况下的骨髓和器官移植；② 静脉药瘾者共用受 HIV 污染的、未消毒的针头及注射器；③ 皮肤破损时共用其他医疗器械或生活用具（如与感染者共用牙刷、剃刀等）；④ 救护流血的伤员时，救护者本身破损的皮肤接触伤员的血液等。

3．母婴传播

母婴传播也称围产期传播，即感染了HIV的母亲在产前、分娩过程中及产后不久将HIV传染给了胎儿或婴儿。母婴之间可产前通过胎盘，分娩时通过产道，或产后通过哺乳传染。

拓展阅读

艾滋病的临床表现

1．一般症状

持续发烧、虚弱、盗汗，持续广泛性全身淋巴结肿大。特别是颈部、腋窝和腹股沟淋巴结肿大更明显。淋巴结直径在1厘米以上，质地坚实，可活动，无疼痛。体重下降在3个月之内可达10%以上，最多可降低40%，病人消瘦特别明显。

2．呼吸道症状

长期咳嗽、胸痛、呼吸困难，严重时痰中带血。

3．消化道症状

食欲下降、厌食、恶心、呕吐、腹泻，严重时可便血。通常用于治疗消化道感染的药物对这种腹泻无效。

4．神经系统症状

头晕、头痛、反应迟钝、智力减退、精神异常、抽搐、偏瘫、痴呆等。

5．皮肤和黏膜损害

单纯疱疹、带状疱疹、口腔和咽部黏膜炎症及溃烂。

6．肿瘤

可出现多种恶性肿瘤，位于体表的卡波济肉瘤可见红色或紫红色的斑疹、丘疹和浸润性肿块。

（二）艾滋病的预防措施

目前尚无预防艾滋病的有效疫苗，因此最重要的是采取预防措施。为有效避免感染艾滋病，中职生应做到以下几点：

（1）洁身自爱，避免婚前性行为。

（2）不到消毒得不到保障的诊所、医院打针、拔牙或进行手术。

（3）输液时要确保输液针头是一次性的。

（4）献血必须找正规的献血单位，否则卫生条件不达标，很容易沾染艾滋病毒。献血前，应确保抽血针头是一次性的。

（5）远离毒品，不以任何方式吸毒。

（6）不与他人共用牙刷、剃须刀等生活用品；尽量避免接触他人体液、血液。

（7）不到美容院穿耳、文眉、文身。

互动空间

一般的接触并不是艾滋病的传播途径，那如果遇到“我是一个艾滋病患者，你愿意给我一个拥抱吗？”这样的活动，你会支持吗？请给出你的理由。

三、拒绝不良诱惑

（一）不良诱惑的表现形式

当前，中职生生活的社会环境较为复杂，面临着各种诱惑，如色情、赌博、毒品等。中职生要提高认识，对黄、赌、毒保持高度的警惕，拒绝任何人以任何方式引诱或强迫自己从事与黄、赌、毒相关的非法活动。

1. 黄

“黄”是指淫秽物品。《中华人民共和国刑法》对“淫秽物品”的解释是具体描绘性行为或者露骨宣扬色情的书刊、影片、录像带、录音带、图片及其他淫秽物品。应注意的是，有关人体生理、医学知识的科学著作不属于淫秽物品。

2. 赌

“赌”即赌博，是指利用赌具，以钱财作为赌注，以占有他人利益为目的的违法犯罪行为。赌博是一种丑恶的社会现象，大多数人接触赌博有两个原因，一是为了寻求刺激，娱乐消遣；二是试试身手，看看能否有所“收获”。但慢慢地，赌博就会成为他们的瘾癖。

3. 毒

毒品，是指鸦片、吗啡、海洛因、大麻、可卡因、甲基苯丙胺，以及国家规定管制的其他能够使人形成瘾癖的麻醉药品和精神药品。毒品品种类繁多，目前已达到200多种。

珍爱生命　拒绝毒品

拓展阅读

国际组织对毒品的分类

联合国麻醉药品委员会将毒品分为6大类：① 吗啡型药物，包括鸦片、吗啡、可卡因、海洛因和罂粟植物等，是最危险的毒品；② 可卡因和可卡叶；③ 大麻；④ 安非他明等人工合成兴奋剂；⑤ 安眠镇静剂，包括巴比妥药物和甲喹酮；⑥ 精神药物，即安定类药物。

世界卫生组织将毒品分成 8 大类：吗啡类、巴比妥类、酒精类、可卡因类、印度大麻类、苯丙胺类、柯特类和致幻剂类。

（二）不良诱惑的危害

1. 色情的危害

（1）色情文化被称为“精神海洛因”，学生长期沉迷于此将荒废正常学业。

（2）色情信息宣扬的是各种畸形的性行为，长期接受这些信息对学生的身心健康会产生破坏性的影响。它会造成学生的身体功能紊乱，心灵扭曲。一些自制力差、意志薄弱的学生禁不住诱惑，甚至会铤而走险，走向性犯罪的深渊。

2. 赌博的危害

赌博是一种容易上瘾的非法活动，其危害主要有以下几个方面。

（1）荒废学业。赌博会影响学生的正常作息，在课堂上难以集中注意力，必定难以完成学习任务，导致学业荒废。

（2）助长不劳而获的习气。参与赌博的人都有不劳而获的妄想，赌博赢了的不会满足，输了的总想着把输的赢回来，在这样极端且错误的想法下，赌博往往会无休止地继续下去，久而久之会使他们的人生观、价值观发生扭曲，养成恶习。

（3）严重影响身心健康。通宵达旦地赌博，既影响正常睡眠，又扰乱饮食规律，会对身体健康造成极大的危害。另外，赌博时人的精神会高度紧张，赢了会极度兴奋、情绪激动，输了则心烦意乱、脾气暴躁，情绪反差极大，长此以往，极易产生心理疾病。

（4）破坏人际关系。一旦赌博上瘾，就会千方百计地在想要赢对方的钱财，即使是至亲挚友对局，也如同仇敌。另外，赌徒的赌资多是向亲朋好友借的，且多数无力偿还。现实中，因赌博与家人、朋友反目成仇的案例数不胜数（见图 4-10）。

图 4-10 因赌博与家人反目成仇

（5）引发犯罪。赌博是一种群体性的违法犯罪活动，在赌场上，很容易因情绪的不稳定而触发一些犯罪行为。此外，有些人会因缺少赌资而参与偷、抢等犯罪活动，最终锒铛入狱。

3．毒品的危害

（1）危害身体机能。毒品剂量过大或吸毒时间过长，会对身体产生极大的危害。通常伴有机体的功能失调和组织病理变化。吸毒者的常见症状有嗜睡、反应迟钝、运动失调、产生幻觉、妄想、定向障碍等。

（2）导致精神障碍与心理变态。吸毒所致最突出的精神障碍是幻觉和思维障碍，表现为吸毒者的行为围绕毒品转，甚至为了吸毒而丧失人性。

（3）极易感染疾病。静脉注射毒品会给滥用者带来感染性并发症，最常见的有化脓性感染、肝炎及艾滋病等。此外，长期吸毒会损害人的神经系统、免疫系统，使人极易感染各种疾病。

（三）面对不良诱惑的对策

1．远离色情

（1）要正确认识性。多数人在青春期阶段都会对性产生强烈的冲动和好奇，这是人体的正常生理反应，不需要回避或感到羞愧，而应该学习相关理论和知识，正确而积极地和异性相处。

（2）要重视个人修养，培养正确的人生观和是非观。

（3）要培养健康的兴趣爱好。健康的兴趣爱好可以给中职生带来很多好处，如提高身体素质、释放压力等，中职生还可以从中获取智慧，从而自觉抵制不良诱惑。

2．远离赌博

（1）不要抱有侥幸心理。很多人因为赌博而倾家荡产，要深刻明白其中的道理。

（2）远离赌博性质的游戏，平时多看一些反赌题材的书籍。

（3）转移注意力。通过参加有益的集体活动、户外运动或其他休闲活动，转移对赌博的注意，打消赌博的念头。

（4）保持健康积极向上的心态，多做一些有意义的事，多运动。

3．远离毒品

（1）充分认识毒品违法犯罪活动的危害性，增强自身法律意识，培养高尚的情操和伦理道德观念。

（2）积极参加有益健康的文体活动，增强集体观念，培养广泛的兴趣爱好，避免过于孤僻的生活方式。

（3）提高对毒品的防御能力，不结交有吸毒恶习的朋友或听信他们的谎言。

（4）决不可因好奇而尝试毒品，以防止上瘾而难于自拔。

（5）一旦沾染毒品，要积极主动向教师和学校报告，自觉接受学校、家庭及社会有关部门的监督戒除及康复治疗。

实践活动

“预防校园暴力，创建和谐校园”主题演讲活动

学校是一个供我们读书成人的地方，这里承载着我们的梦想，但是，近些年来校园暴力时有发生，如果学校这片圣洁的土地因充斥着暴力而失去生命力，那将是何等的悲哀！为使学生懂得什么是校园暴力，了解校园暴力的危害，学会正确面对校园暴力并加以抵制，在班级内开展一次“预防校园暴力，创建和谐校园”主题演讲活动。请以小组（4～6 人）为单位，进行分工合作，包括搜寻资料、演讲稿撰写、上台演讲等。

过程记录

任务分配：

活动关键点：

心得体会：

活动评价

教师可参考表 4-4 对学生的“预防校园暴力，创建和谐校园”主题演讲活动进行评价。

表 4-4　“预防校园暴力，创建和谐校园”主题演讲活动评价表

评价标准	分值	分数小计	教师评价
各成员积极完成自己的任务	25 分		
资料真实	20 分		
演讲稿有特色	25 分		
演讲生动，有感染力	30 分		

第五章 05

学会学习　终身受益

导　语

“知识改变命运，学习成就未来。”要想让自己的人生精彩而有意义，首先需要解决“为什么要学习”的问题；其次，我们还应掌握正确、高效的学习方法，具备必要的学习能力，从而达到事半功倍的效果。

学习目标

- 认知：了解学习的重要性；了解中职生常见的学习问题。
- 领会：理解终身学习的必要性；掌握高效的学习方法。
- 提高：掌握信息化时代的特点，提升信息化时代的学习能力。

第一节　端正学习态度，解决学习问题

透视生活

16 岁“瓷娃娃”带病床上课

图 5-1　李文龙在学习

16 岁的中学生李文龙（见图 5-1）从小患有成骨不全症，也就是常说的“瓷娃娃”病。一次小小的意外，可能会给李文龙带来莫大的身体伤害。

在一次不慎摔倒后，李文龙的左小腿骨折受伤。为了不耽误学业，刚刚做完手术的他坚持带着病床返校上课，这一坚持就是几个月的时间。李文龙逐渐成为全班同学心目中的“坚强男孩”。

“孩子不想落下课程，做手术都没哭，就因为在家休养耽误上课哭了。”李文龙的父亲说，看到孩子对学业不懈的追求，父母最终答应了李文龙去学校上课。班主任曹瑞红也说，李文龙在学习上非常刻苦，生怕落下一节功课，术后在家里一刻也待不下，执意要到学校来上课。

李文龙面对疾病仍然保持积极向上的学习态度，这种精神也在时刻鼓舞着身边的同学们。班里很多同学都以他为榜样，在敬佩他的同时，也纷纷向他伸出援手。有的同学每天会专门抽出时间陪李文龙复习功课。当李文龙学习中遇到难题时，各科老师也会利用中午、课间时间为他进行单独辅导。

就这样，李文龙解决了很多学习和生活上的问题，也因此有了更大的学习动力。

议一议

从李文龙身上，你看到了哪些可贵品质？结合你的学习经历，谈谈你应该如何对待学习？如何解决学习问题？

一、认识学习的重要性

学习是我们在社会实践中，自觉、主动地接受知识，掌握社会经验的过程。它是一种态度，更是一种能力。那么，我们为什么要学习呢？

（一）学习是获得各种知识的最佳途径

在漫长的历史长河中，人类积累了丰富的知识、经验和理论。每一代人都在前人的基础上，加以丰富、改进和完善，从而推动社会的进步。因此，对于今天的我们而言，学习（见图 5-2）仍是获得各种知识的最佳途径。

图 5-2　学习

（二）学习是掌握各种技能的最佳方法

要在社会上安身立命，我们除了需要获得各种知识以外，还需要掌握各种实用技能，如各种专业技能、沟通技能、管理技能等。学习便是我们掌握各种技能的最佳方法。

（三）学习是深化认知、完善自我的最佳手段

我们处于一个科技日新月异的时代，只有不断地学习，才能逐步深化自己的认知水平，完善自我，进而跟上社会前进的步伐。

名言警句

书读得越多而不加思考，你就会觉得你知道得很多；而当你读书而思考得越多的时候，你就会越清楚地看到，你知道得很少。

——伏尔泰

二、常见的学习问题及解决方法

在相对宽松的环境下，一些没有明确目标的中职生时常会感到空虚和迷茫，缺乏学习的动力。临近考试时又会因自己的碌碌无为而焦虑不安，进而导致一系列的学习问题。那么，中职生该如何应对这些学习问题呢？

（一）中职生常见的学习问题

1．学习动力不足

中职生在学习过程中，可能会出现散漫、懒惰、得过且过、提不起兴趣等状况。一般来说，这些状况主要是学习动力不足导致的，具体表现如下：① 没有明确的学习目标；② 缺乏学习主动性；③ 没有科学的学习方法；④ 难以适应灵活自主的学习生活。

成长故事

杜绝没有目标的学习

小赵刚上职校时，就立志要成为一个有作为的人。然而，他并没有具体的目标和详细的规划，所谓的志向也只是模糊的、笼统的。他所学的专业虽然是自己喜欢的，但他看到有的同学逃课，有的同学在课堂上看课外书、上网或打瞌睡后，自己也没有了学习热情，经常不去上课，而在宿舍里睡觉，甚至被其他同学戏称“睡虫”。

期末考试结束后，小赵有两门课程没有及格。此时，他才意识到没有学习目标的危害，于是便去求助心理辅导老师。在老师的帮助下，他根据自己的实际情况给自己制订了一份详细的学习计划，计划中主要包括具体的目标任务及完成后的自我奖励措施等。第二个学期开学后，小赵认真按照计划完成自己的目标任务。终于，他的学习生活一步步走上了正轨。

学习焦虑怎么办？

2. 学习焦虑

学习焦虑一般是由于不能达到预期的学习目标或不能克服学习上的困难而产生的紧张、不安、忧虑、烦躁等情绪。中职生长期处于焦虑状态中，会出现学习效率低下、学习成绩下降等问题，甚至会由此产生挫败感和内疚感，增加焦虑程度，引发心理疾病。

成长故事

不要被焦虑所打倒

林晓是一名中职生，她学习上进，记忆力较强，深受老师的器重。每逢学科竞赛，学校都会推荐她去参加，这给她造成了很大的心理压力。

在一次数学竞赛前，她由于紧张，一夜没睡，考试的时候头昏脑涨、心慌意乱，复习过的知识很多都想不起来了，最后勉强交了卷。结果，考试成绩很不理想，她为此感到自责，还对数学产生了畏惧心理。每到考试临近，她就会紧张焦虑，无法专心复习，同时还伴有失眠问题。

老师见她状态不对，便主动找她谈心。了解到林晓是害怕如果没有获得名次就会受到批评后，老师耐心地开导她，“参加竞赛最重要的并不是名次，而是你能够从中学到的东西。”在经过和老师的长谈后，林晓的心态发生了很大的转变，也慢慢恢复了原来的学习状态。每次参加完竞赛后，她都会重新审视自己，发现自己的优势和不足。长久以往，她越来越喜欢钻研数学的感觉了。

3．无法做到专注

专注是参与各种活动的基础，中职生学习不专注将直接导致学习效率低下，具体表现在以下几个方面。

（1）注意力不集中。在上课时，不能做到专心听讲；在学习时，不能控制自己的心理活动，如只是机械地阅读表面文字，而不是调动思维，深入理解其中的内涵。

（2）易受干扰。在学习时很容易受到外界无关刺激的影响，阻断学习及思考过程。例如，他人的走动、突发的声响等很容易将自己的注意力吸引过去，使思维偏离当前的学习情境。

（3）各种与学习无关的动作。在学习过程中，经常伴有一些与学习无关的动作，如摆弄手指、玩弄笔杆、东张西望、频繁地找东西等，以至于在学习时无法做到专注。

拓展阅读

专注的居里夫人

世界著名的物理学家和化学家居里夫人曾说过，专注就是集中精力去做一件事，只要你全神贯注、一心一意，就能点燃成功的焰火。

年少时期的居里夫人读书十分专注，甚至到了令人难以置信的程度。只要她一拿起书，就仿佛成了一尊雕像，周围的一切好像都不存在了。她的姐妹们都认为这是一种怪癖。因此，每当她看书时，姐妹们就挖空心思转移她的注意力。

有一次，她的姐妹们将屋子里所有的椅子都收集起来，开始在她身边搭起椅子“积木”。椅子积木摆好后，只要她稍微一动，椅子“积木”就会倒塌。然而无论是椅子，还是姐妹们的说笑，都不能让她转移注意力。时间一分一秒过去了，她依旧纹丝不动地坐在一大堆椅子中，把头埋在书本中。

一个小时过去了，她终于读完了一章。当她合上书抬起头时，椅子倒塌了。她没有生气，也没有吃惊，只一脸淡然地走出屋子，去找另一本书去了。

4．不善记忆

记忆是学习的基础，记忆力不好会严重影响中职生的学习效果。一般来说，记忆力不好主要表现在以下三个方面。

（1）识记速度慢。对于一些知识往往要经过多次反复识记才能记住，从而导致短时间内无法识记较多知识。

（2）保持时间短。经过识记的知识在头脑中存留的时间很短，遗忘速度快。例如，在课堂上识记的知识，课下就全部遗忘了。

（3）识记不精确。对于已经识记的知识，在头脑中的印象非常模糊，无法掌握细节，

甚至不会正确应用相关知识，如考试时答非所问等。

互动空间

你有哪些快速记忆知识的方法？请将你的方法与大家分享。

（二）解决学习问题的方法

为了应对学习问题，中职生首先应恰当调节自己的学习心态，坦然面对学习压力。具体应做到以下几点。

（1）保持积极心态。面对自身存在的学习问题，不要自暴自弃，要学会将压力转化为动力。例如，向父母、教师、朋友寻求帮助，及时排解消极情绪等。

（2）制订学习计划。中职生应根据自身的实际情况，制订切实可行的学习计划。一般来说，学习计划的时间不宜过长，可以采用循序渐进的方式逐步制订，如先制订一周的学习计划，再进一步确定每天的学习计划。

（3）培养学习兴趣。兴趣是学习的内在动力，是影响学习效果的因素之一。在学习生活中，可以通过自我暗示的方法培养自己的学习兴趣，还可以通过参加一些自己喜欢的兴趣活动，激发学习热情，如图 5-3 所示。

图 5-3　参加兴趣小组

（4）加强自我监控。自我监控是指在学习过程中，对自己的学习活动进行积极、自觉的监督和调节，以保证学习计划的顺利完成。例如，学习任务完成后，评价自己是否切实执行了学习计划、学习是否用心等。

实践活动

学习的自我评价

请自行填写“学习自我评价表”（见表5-1），对自己的学习行为做出评估及反思。请以小组（3～5人）为单位，分别对每一成员填写的表格进行评价，帮助其找到自身存在的学习问题，并提出解决方法。根据活动结果，每人撰写至少500字的心得体会。

表5-1　学习自我评价表

项目	是	否
根据实际情况，切实可行地制订了学习计划		
课前做了充分预习		
多数情况下，能够保持专注听讲		
学习时会认真思考		
课后作业保质保量完成		
主动向他人请教不懂的知识		
清楚了解自身存在的学习问题		
能够保持积极的学习心态，坦然面对学习困难		
努力培养自己的学习兴趣		
有良好的作息习惯，可以合理安排学习时间		
能明显感觉到自己的进步		
考试前后可以保持良好的学习心态		

过程记录

活动人员：

活动结果（总结每一成员存在的学习问题及解决方法）：

心得体会：

活动评价

教师可参考表 5-2 对各小组填制的表格内容进行评价。

表 5-2 “学习自我评价”活动评价表

评价标准		分值	分数小计	教师评价
表格填制完整	小组成员的表格均填写完整，每份不完整表格，扣 1 分	10 分		
活动结果总结了每一位成员的学习问题及解决方法	每缺少一位小组成员的分析结果，扣 5 分	20 分		
活动结果分析准确，有明确的解决措施	活动结果符合实际，解决措施可实施，教师可根据自主判断酌情给分	30 分		
小组成员均积极参与讨论	小组成员均参与发言，献计献策，教师可根据实际情况酌情给分	10 分		
心得体会	字数符合规定，能够体现对学习问题的深刻反思，教师可根据自主判断酌情给分	30 分		

第二节　掌握学习方法，科学高效学习

透视生活

任何困难都挡不住前行的脚步

2018 年 6 月，21 岁的王向龙荣获“2018 年一带一路暨金砖国家技能发展与技术创新大赛之第六届国际焊接大赛焊条电弧焊技能大赛”一等奖（见图 5-4）。同年，他被团中央、全国学联授予“中国大学生自强之星”称号，获得“中国大学生自强之星”奖学金。

2014 年，王向龙进入枝江市职业教育中心机电班学习。在了解到专业特性后，他认为要想学习好，不仅需要学习大量的理论知识，还需要不断地去练习、去实践。2015 年春，王向龙主动报名参加学校焊接技术技能训练队。从此，教室里、车间里都留下了王向龙刻苦拼搏的汗水。在训练中，他勤奋、刻苦钻研焊接技巧，在竞技场上，他奋力拼搏、永不言败，终在 2016 年湖北省宜昌市中职生技能大赛焊接技术项目中勇夺金牌。2017 年，王向龙通过技能高考，以优异的成绩顺利考上武汉船舶职业技术学院，成为一名高职生。

进入大学后，王向龙认真学习专业课程。“喜欢动脑筋，乐于在专业上下功夫，也喜欢帮助他人。”对于专业学习，老师许小平教授是这样评价王向龙的。

在实训中，王向龙经常会查阅焊接相关的资料，把其他一些焊接方法综合交替应用到手工电弧焊之中，创造了非常美观的焊缝外部形状。

焊接技能训练看起来枯燥无味，许多本专业的同学都望而却步。王向龙努力用所学的技能知识在实训期间帮助同学，让同学们更深刻地了解专业知识和技术操作，增强动手能力。在实训期间，他还发现同学们在焊接时常常会遇到一个问题，那就是无法焊直线，容易走偏，很难纠正过来。他想到了中职焊接启蒙老师杨良清老师传授给他的经验，“用焊条制成简易标尺，以标尺为参照物”，并分享给了同学们。这样一来，同学们焊直线技术立马有了改观，他也受到了老师和同学们的一致夸赞。

大一学年，在参加“嘉克杯”国际大赛前的 2 个月集训中，王向龙每天睡眠时间不足 6 个小时，长时间固定体位的练习动作使他经常腰酸腿痛、手臂多处被灼伤。训练过程中让人无法忍受的孤独，以及一个个看似无法突破的技术瓶颈也曾经使他想过放弃，但他还是咬咬牙坚持了下来。

2018 年，一带一路暨金砖国家技能发展与技术创新大赛之第六届国际焊接大赛开幕，来自俄罗斯、印度、南非、捷克、伊朗、泰国、新加坡、奥地利、瑞士、葡萄牙等 21 个国家的

388 位焊接技能高手同台竞技。凭借着娴熟的技能、精益求精的工匠精神，王向龙在强手林立的大赛现场稳定发挥，最终以优异成绩荣获了一等奖。

图 5-4　王向龙获一等奖

议一议

王向龙是如何实现从中职、高职学生到世界级焊接大赛冠军的华丽转身的？结合你的学习生活，谈谈你的感受。

一、确立适当的学习目标

适当的学习目标（见图 5-5）是保证学习稳步进行的前提条件，有利于增强学习意志力。中职生在确立学习目标时可以综合考虑以下几个方面。

图 5-5　目标

（一）符合自身情况

中职生确立的学习目标，应符合自身情况。中职生应学会对自己的性格特征、优势、不足等情况进行客观评价，从而确立切实可行的学习目标。

（二）高低适度

中职生确立的学习目标，应保持高低适度。当确立的学习目标过高时，会很难达到预期的效果，进而可能导致自尊心受挫、积极性受打击等危害；当确立的学习目标过低时，就会失去确立目标的意义，达不到促进学习的效果。

（三）目标集中

中职生确立的学习目标，应保持相对集中，避免过度分散。只有目标专一，才能全身心地投入学习。因此，中职生应当根据实际情况，选择一个主攻的方向。例如，近期的学习目标以提升自己的英语听写能力为主等。

名言警句

目标既定，在学习和实践过程中无论遇到什么困难曲折都不灰心丧气，不轻易改变自己决定的目标，而努力不懈地去学习和奋斗，如此才会有所成就，而达到自己的目的。

——吴玉章

二、合理安排学习时间

科学、合理地安排学习时间，可以使学习效率大大提高。中职生可以根据自己的学习习惯和生理特征，有计划、有目的地安排学习时间。具体可以从以下两点出发。

5个简单高效的时间管理技巧

（一）把握“黄金时间”

黄金时间是指人的精力最充沛、注意力最集中、学习效率最高的那段时间。由于个体之间存在差异，学生应根据自身特征，把握自己的“黄金时间”。

（二）有效利用零散时间

很多人认为只有在较长的时间段内进行学习才有效果，殊不知充分利用生活中的零散时间来进行学习，也会取得惊人的效果。例如，利用坐车、等车的时间进行知识的记忆，日积月累，一定会有很大的收获。

拓展阅读

达尔文的半小时

一天，生病的达尔文坐在藤椅上晒太阳，面容憔悴，精神不振。

此时，一个年轻人走到达尔文的面前。当这个年轻人知道面前这个衰弱的老人就是著名的生物学家达尔文时，不禁惊异地问道：“达尔文先生，您现在身体这样衰弱，是如何做到完成这么多事情的呢？”达尔文回答说：“我从来不认为半小时是微不足道的很短的一段时间。”

的确，达尔文非常珍惜时间，他曾在给苏珊·达尔文的信中说：“一个竟会白白浪费一小时的人，就不懂得生命的价值。”

三、运用学习策略

学习策略是为了提高学习效率和效果，有意识、有目的地规划学习过程的方案。学习策略一般包括精细加工策略、组织策略和复述策略。

（一）精细加工策略

精细加工策略是一种将新学知识与已学知识联系起来，以增加对新学知识的深层理解的策略。常见的方法有位置记忆法、首字联想法和关键词法。

1. 位置记忆法

位置记忆法是在头脑中设想一个熟悉的场景，并在该场景中确定一条明确的路线，将所要识记的知识点有顺序地放置在这条路线上的特定位置，使各个点联系起来。这种方法适用于识记有顺序的知识点，如有时间顺序的历史事件等。

2. 首字联想法

首字联想法是将一句话中第一个字作为代表，与其他句子中的第一个字组成一个连词，来对整段文字进行识记的方法。

3. 关键词法

关键词法是以从所识记的知识点中提取关键词的方式，来完成知识点的识记。这种方法适用于阅读理解、识记地理信息等。

互动空间

在学习过程中，你是否使用过上述方法？和同学交流讨论。

（二）组织策略

组织策略是将新知识之间、新旧知识之间的内在联系进行整合，形成知识结构的策略。中职生可以运用组织策略快速建立知识体系，如通过列提纲或制作图表的方法对整个章节的知识点进行梳理。

（三）复述策略

复述策略是为了保持知识的永久记忆，在大脑中反复重现所学知识，从而将注意力维持在所学知识上的策略。例如，在课上初步掌握所学知识之后，课下进行适当程度的重复记忆与练习。

四、学会科学用脑

大脑是学习的生理基础，科学用脑是充分发挥大脑潜能、提高学习效率的根本保证。因此，中职生在学习过程中应当注意科学用脑，以保证学习的顺利进行。

（一）保障营养充足

大脑的正常运转需要充足的营养物质。中职生应注意饮食的均衡、营养和健康，避免偏食、营养不良等问题对大脑造成伤害，同时还应避免烟、酒的刺激。

（二）保证充足休息

充足的休息是大脑正常发挥其功能的必要条件。中职生可以通过充足的睡眠，使大脑得到休息，还可以根据自己的生理特征合理地安排休息时间，如交替安排学习内容、多种活动相互转换，以保证大脑皮层的各个区域轮流工作和休息。

（三）有规律地学习

有规律地学习即根据自身“生物钟”的特征，合理安排学习、锻炼、娱乐和睡眠的时间，以形成一定的生活规律。有规律地学习可以保证大脑在学习时能够高速运转，从而取得良好的学习效果。

拓展阅读

最佳用脑时间

有研究表明，一天当中有以下四段最佳用脑时间。

（1）早上起床时。此时无前摄抑制（先识记的知识对后继识记知识的干扰）作用，适合学习那些记忆难度较大的知识，如英语单词、古诗文等。

（2）上午 8～10 点。此时人的精力充沛，大脑处于最易建立条件反射的中度兴奋状态，适合攻克需要周密思考的难题，如知识应用题。

（3）18～20 点。此时是一天中记忆效果最好的时间，适合复习全天所学的知识。

（4）临睡前。此时无倒摄抑制（后识记的知识对先前识记知识的保持与回忆的干扰）作用，适合回顾先前识记的知识。

五、提升学习能力

信息化时代不仅是知识竞争的时代，更是能力竞争的时代，这要求我们应当具备再学习的能力，不断吸纳新的知识和技能，以适应社会发展的变化。

（一）激发学习动力

要想提升学习能力，首先要激发自己的学习动力，树立自主学习意识。例如，主动、认真地听课，主动思考问题，保质保量地完成学习作业等。

（二）加强自学能力

中职生在课堂上学到的知识往往是概括性、方法性和线索性的，而要想真正掌握专业知识并在本专业中得到发展，还需要具备良好的自学能力。中职生可以通过树立自信心、培养坚强的意志、保持乐观的态度，来有效地进行自我管理，以使自学达到预期的目标。例如，通过自行阅读大量专业相关的书籍，来拓展自己的专业知识（见图 5-6）。

图 5-6　阅读相关书籍

（三）培养创新能力

创新能力是当代社会对人才的要求之一，中职生必须具备较强的创新能力，以适应时代发展的需要。

1．注重多方面知识的积累

丰富的知识经验是创新活动的基础。中职生可以通过各方面知识和经验的积累，不断开阔视野、启迪智慧，发现事物之间的关系、特征及发展规律，从而培养创新意识。

2．善于观察，勤于思考

观察和思考是提高创新能力的重要前提。在日常生活中，中职生应当养成善于观察、勤于思考的习惯，习惯性地关注生活中的细节，尝试从本质和规律入手去认识事物。

3．培养问题意识

问题意识是能够在复杂多变的事物之中发现问题的能力。培养创新能力的根本就在于主动发现问题、提出问题和解决问题。我们可以通过多问“为什么”，来逐渐培养自己的

问题意识。

成长故事

做主动学习的榜样

李立川就读于某中职院校计算机及应用专业。在读初中时，李立川认为学习很没有意思，学习成绩很不好。考上中职院校后，他对自己所学的专业很感兴趣。虽然有些专业课学起来枯燥乏味，难以理解，但他并没有就此放弃。而是开始主动听课，积极思考，对于不理解的地方，他还会去图书馆翻阅相关资料，攻克各种难题。渐渐地，他发现自己越来越喜欢学习了。

现在的他，总会在课前预习老师将要讲的知识，带着问题去听课。很多同学都愿意来向他请教问题，一提到他，老师们也都夸赞不已。

六、掌握科学的记忆方法

“记忆宫殿”记忆法

科学的记忆方法可以帮助我们快速掌握所学知识，这些方法主要包括以下几种。

（一）兴趣记忆

兴趣记忆没有规定目标或目的，没有经过努力识记，往往与个体的兴趣、爱好、需要、价值观有很大的关系。正如孔子所言：“知之者不如好之者。”兴趣记忆能不断激发个人的求知欲和学习需要，增加记忆效果，是推动有效学习的内在动力。

（二）情绪记忆

情绪记忆是对曾经体验过的情绪和情感的识记，往往与个体的成长、行为、知觉、信念、目标，甚至自我意识、心理健康状况等有很大的关系。一般情况下，对曾经体验过的情绪和情感越深厚，记忆的印象就越深刻。

（三）理解记忆

理解记忆是根据知识内在的、本质的联系和规律进行识记。中职生可以充分利用图表、案例、实物、视频、音频、幻灯片和社会实践活动等来提高自己的记忆能力。

（四）回忆记忆

回忆记忆是把以前所识记的知识进行重现。回忆记忆可分为直接回忆和间接回忆。其中，直接回忆是当前事物引起过去知识的再现，如学生对识记程度较为深刻的英语单

词可直接拼写出来。间接回忆是通过中介联想才能达到对过去知识的再现，是一种有步骤地解决问题的思维活动，如数学题的解答往往是分步骤的，由一个知识点联系到另一个知识点。

实践活动

“我们如何学习”主题交流活动

学习作为获取知识、掌握本领的途径，已经成为人们日常生活中不可缺少的一部分，尤其是在信息化时代，自主学习已经成为人们不断满足自身需要，增加知识储备，获取有用信息，并最终获取成功的法宝。为此，请以小组（3～5 人）为单位，以“我们如何学习”为主题，开展交流活动。具体内容与要求如下：

（1）整理你熟知的名人学习故事，以多媒体演示的方式分享给大家。

（2）总结你的学习方法并分享给大家。

（3）根据活动成果，以“学习方法的重要意义”为题，撰写一篇 800 字左右的小论文。

过程记录

活动人员：

活动结果：

心得体会：

活动评价

教师可参考表 5-3 对各小组的交流活动进行评价。

表 5-3　“我们如何学习”主题交流活动评价表

评价标准		分值	分数小计	教师评价
名人故事	名人故事积极向上，有指导学生的学习方法，展示过程尽量做到图文并茂。教师根据实际情况酌情给分	30 分		
交流讨论	积极分享学习方法，能够呈现交流结果。教师根据实际情况酌情给分	30 分		
论文部分	字数符合规定，能够体现学生的深刻反思。教师根据实际情况酌情给分	40 分		

第三节 提高学习能力，开启终身学习

透视生活

70岁老人的五次高考

图 5-7 柳玉春

柳玉春（见图 5-7）已经 70 岁了。按照常理，这个年纪的老人都该歇下来颐养天年了，可是柳玉春却在积极备战高考。用知识改变命运，这是他一直以来的心愿。

1978 年，柳玉春参加了他人生中的第一次高考，不过那次高考失利了。之后，他便放弃了再次高考，开始做食品加工生意。正做得风生水起的时候，却遭遇了诈骗，最后，他变得一贫如洗。

柳玉春认为，他这一生中很多经历都与缺乏文化知识有关，如果自己学法、懂法，当年开厂也不会被骗；如果当年有文化知识，厂子也不至于倒闭。学到了知识，自己可以有事做，也能为别人办点事。

于是，在距离第一次参加高考 40 年后，年近 70 岁的柳玉春再一次萌生了参加高考上大学的念头。他每天就在自己简易的房间里复习功课，一点一滴地积累知识，为圆自己的大学梦努力。但是，由于时间太过久远，复习不得法，柳玉春连续三年高考失利。

2020 年，柳玉春再次整装出发，信心十足地走进属于自己的战场。他对知识的渴求与敬畏为我们树立了一面旗帜。

议一议

从柳玉春老人身上，你能看到哪些宝贵的品质？为什么说“活到老，学到老”，你是如何理解这句话的？

一、终身学习的重要性

终身学习与信息素养

终身学习是指社会成员为适应社会发展、个体发展的需要，持续一生的学习过程。终身学习是新时代的要求，是个人实现人生价值的重要途径之一。

终身学习的必要性主要体现在以下几个方面：① 能够帮助我们克服工作中的困难，解决工作中的问题；② 可以满足我们生存和发展的需要；③ 能够使我们得到更大的发展空间，更好地实现自身价值；④ 能够充实我们的精神生活，提高我们的生活品质。

名言警句

少而好学，如日出之阳；壮而好学，如日中之光；老而好学，如炳烛之明。

——刘向

二、信息化时代的学习

（一）信息化时代的特点

信息化时代（见图 5-8）是从有形物质创造价值的社会向无形信息创造价值的新社会转变的时期。在信息化时代，知识的积累成为创造财富的主要来源。信息化时代主要具有以下特点：

（1）社会经济结构以服务性行业为主。

（2）专业和技术逐渐成为社会发展的决定因素。

（3）知识创新成为社会发展的主要动力。

（4）人们更加关注社会未来的发展趋势。

图 5-8　信息化时代

（二）中职生应具备的信息素养

信息素养是一种对信息社会的适应能力。中职生应具备的信息素养主要包括信息意识、信息知识、信息能力和信息道德。

1. 信息意识

信息意识包括对信息和信息工作的感觉、知觉、情感和意志等，它影响一个人的信息行为。作为中职生，应当首先树立信息意识，有针对性地获取所需信息，如有目的地上网搜寻信息，经常阅读相关信息等。只有当对信息源了解较多且解读信息的能力较强时，才

能快速地发现那些隐含的信息。

2. 信息知识

信息知识是利用信息技术工具、信息传播途径积累的经验知识。中职生要想充分掌握各种信息知识，首先应学习计算机的应用，并学习各种计算机相关知识。

3. 信息能力

信息能力是运用信息知识、参与信息活动的能力。信息能力是信息素养的核心。中职生应当具备判断和掌握信息资源价值的能力，具备相关的知识和技能，如能够熟练地使用网络资源，能够充分利用网络技术服务于自己的学习和生活等。

4. 信息道德

信息道德是指在获取、利用和传播信息的过程中，应当遵守的道德规范。信息道德要求我们不得危害国家、社会和他人的合法权益。例如，我们在利用网络、刊物等信息时，应当避免侵犯他人的知识产权。

实践活动

社会调研活动

全班分为若干个小组，从本市选取 5 家高新技术企业，实地采访企业职员或领导，以探寻从业者所应具备的能力。具体要求如下：

（1）确定调研对象和目的。

（2）小组讨论，共同确定调研问题（问题要有针对性，简明扼要）。

（3）采访时间不宜过长，时长控制在 20 分钟左右。

（4）调研过程采用文字、照片、视频等方式记录下来。

（5）调研结束后，撰写不少于 800 字的心得体会。

过程记录

活动人员：

调研问题：

心得体会：

活动评价

教师可参考表 5-4 对各小组的调研活动进行评价。

表 5-4　调研活动评价表

评价标准		分值	分数小计	教师评价
调研问题	调研问题能够较为全面地确定从业者当下所应具备的能力。教师根据实际情况酌情给分	30 分		
调研时间	对每家企业的调研时间控制在 20 分钟左右。太长或太短，教师应酌情扣分	20 分		
调研过程	有通过文字、照片、视频等方式记录过程。教师根据实际情况酌情给分	10 分		
心得体会	字数符合规定，能够体现小组成员的深刻思考。教师根据实际情况酌情给分	40 分		

第六章 规划生涯　放飞理想

06

导　语

士比亚曾说过："人生就是一部作品。谁有生活理想和实现的计划，谁就有好的情节和结尾，谁便能写得十分精彩和引人注目。"

在信息技术飞速发展、科技浪潮扑面而来的今天，唯有不断调整职业生涯规划，才能跟上时代前进的步伐。俗话说，"人生不如意十之八九"。我们在未来的工作中必然会遇到各种各样的问题，我们必须首先敢于正视问题，然后才能解决问题，从而促使自己不断走向成熟，逐步适应职场生活。

学习目标

- **认知：**了解职场中的各种困难与挑战；了解职业生涯发展的评价要素；了解调整职业生涯规划的步骤。
- **领会：**理解职业生涯规划贵在坚持；理解评价和调整职业生涯规划的必要性。
- **提高：**增强职业适应性；学会评价职业生涯规划；把握职业生涯规划调整的时机。

第一节　职业生涯，贵在迎难而上

透视生活

中职生逆袭，屡获国际设计奖

2019年，广州知名建筑室内设计师梁穗明回到母校——广州市土地房产管理职业学校分享自己的职场经历。这个外表文静、瘦弱的女子，近年来在室内设计界风头正劲，她和团队获得了近60个国际设计大奖，其中包括被誉为设计界奥斯卡的德国“红点奖”。

梁穗明从小就喜欢写写画画，从来没有学过画画的她，当时最大的愿望，就是自己的画作能被展示在幼儿园、小学的黑板报上。虽然这样的愿望并没有实现，但她从没有放弃过，一直都在为之努力。

初三填报志愿前，学校给每个学生发了一本高中报考指南。当翻看到广州市土地房产管理学校的“建筑设计”专业时，她突然有一种梦想被点燃的感觉，“当我看到‘建筑设计’这四个字时，就被深深吸引了。”然而，她的梦想遭到了全家人的反对，她背负着各种不解和巨大的压力参加了中考。拿到广州市土地房产管理职业学校建筑设计专业录取通知书的那一刻，梁穗明百感交集，大哭了一场。

追梦路上的梁穗明浑身都是劲。“我算不上是一个天资聪颖的人，以前很努力地学习，是为了拿到一个能让别人认可的分数，但这个过程中，我并不快乐。而当我学的就是我所喜爱的，上学便成了一件特别享受的事情，我的专业成绩多次在年级里排第一名，整个人自信多了。”临近毕业时，梁穗明拿着一份设计作品问老师：“您看我这个作品，能帮助我找到一份很好的设计师的工作吗？”老师回答：“当然能，你很有天分，要一直努力下去。”在当时，老师这句话给了她很大的勇气，让她有信心在这条路上一直走下去。

毕业后，梁穗明找到的第一份工作月薪500元。老板看了她一眼就说：“这样一个弱不禁风的小姑娘，能下工地吗?”结果第二天，梁穗明就跟着师傅下了工地。梁穗明在工地干得最多的活就是帮忙搬砖，她一待就是三个月，却全然没觉得苦，“我看到了很多房屋的原始构造、了解了水泥的配比，每天都在学，一点都不觉得累。”

梁穗明始终保持着这般对职业的激情，在酷热的工地上搬砖并乐此不疲，“征服”一个又一个“奇葩”项目。不断地努力让她越来越有自信，也让她在职场路上走得越来越顺利。2003年，梁穗明进入了一家广州知名设计公司，参与了多个国内知名超高层甲级公建类项目的建筑室内设计。在那些日子里，她总是睡在设计室，除了睡觉就是思考方案。她说，明明累得站着都能睡着，却快乐得像做梦。

2009年，梁穗明创立了自己的设计工作室。此后的几年里，她带领的团队接手了不少大项目，其中还包括2016年竣工的武汉保利国际中心写字楼大堂的设计和装修。

议一议　从不起眼的小姑娘到知名设计师，梁穗明做出了哪些努力？你认为要更好地融入职场生活，实现职业梦想，应该掌握哪些方法，具备哪些能力？

一、职场中的各种困难与挑战

（一）职场人际冲突

职场是一个相对较小的社会系统（见图6-1），其中有限的认可、加薪、晋升机会，以及多样化的分工合作，使得同事关系、上下级关系存在一定的复杂性。在职场打拼的人，很关键的一项技能就是人际关系的处理能力，这项能力往往很大程度上决定着一个人的工作成就。但是始终有很多人不能很好地处理职场人际关系，甚至与同事产生冲突，从而影响个人的工作发展。

图6-1　职场交流

（二）薪资不如愿

薪资是大部分从业者都非常关心的事情，不少人都表示过对自己的薪资不满意。而这种情况一般有两种表现，一种表现为“这山望着那山高”，一方面对自己抱有很高的期望值，另一方面对市场行情的认识却不足，从而使得自己拿到的薪资总是和自己的期望值有落差；另一种表现为“失衡”，总感觉自己在工作中的付出和收入不成比例，认为自己未得到应有的酬劳。

（三）职场“过劳”

武汉一研究团队曾做过职场行为与疲劳状况的相关调查。调查结果显示，超过八成的劳动者承受着一般或更高的精神压力和身体压力，处于过劳状态。

一般而言，在职场中，越往上晋升责任越大，待遇越高，但压力也随之增大。这使得不少人经常感觉非常疲劳。

（四）职业倦怠

一般认为，职业倦怠是个体不能顺利应对工作压力时的一种极端反应，是个体在长期压力下而产生的情感、态度和行为的衰竭状态（见图 6-2）。

图 6-2　职业倦怠

职业倦怠又称职业枯竭，主要特征有：缺少活力，没有工作热情，感到自己的情感处于极度疲劳的状态；刻意在自身和工作对象间保持距离，对工作对象和环境采取冷漠、忽视的态度，对工作敷衍了事；倾向于消极地评价自己，工作能力体验和成就体验下降，认为工作不能发挥自身的才能。

（五）工作缺乏安全感

工作安全感是指一个人在工作中获得的确定感和可控感，是在工作中渴望稳定的心理需求被满足后的感觉。一般情况下，缺乏职场安全感主要有如下几种原因：自身业务水平无法达到职位需求而缺乏安全感；自身努力得不到用人单位的肯定而缺乏安全感；岗位流动大，竞争激烈而缺乏安全感；劳动过程中得不到应有的保障而缺乏安全感。

（六）职业转型“阵痛”

有很多职场人在工作几年后，觉得当下从事的职业并不适合自己，于是希望更换一种职业，转型问题便由此产生。当一个人不得不放弃从事多年的工作，而转向另外一个行业或工种类型时，都会产生各种困惑和疑虑。这就是所谓的职业转型“阵痛”。

互动空间

在当今社会中，有很多年轻人都喜欢频繁地更换工作，就你个人而言，你如何看待这一现象？

二、融入职场生活的基本方法

（一）熟悉企业文化

企业文化是指企业全体员工在长期的生产服务中形成并共同遵循的最高目标、价值标准、基本信念和行为规范。优秀的企业文化会让员工感受到快乐和尊重，员工工作也更有激情和创造力。无论在求职时还是入职后，企业文化都是需要了解的重要因素。

求职者在求职时首先需要分析自己是否认同目标企业的企业文化，即目标企业的企业文化是否与自己的价值观相符。正所谓“道不同不相为谋”，如果感觉自己的价值观与所求职企业的企业文化不符，还是不去为好。反之，应积极了解并熟悉企业的企业文化，从而使自己可以更快、更好地融入企业环境之中。一些著名企业及其企业文化精髓如表 6-1 所示。

表 6-1　一些著名企业及其企业文化精髓

企业名称	企业文化
海尔公司	自以为非
联想公司	成就客户，创业创新，精准求实，诚信正直
青岛啤酒	锐意进取，奉献社会
华为	学习，创新，获益，团结

（二）处理好人际关系

建立良好人际关系的第一步就是要从自身做起，要积极主动地去和老员工沟通，从而使自己在最短的时间内成为公司这个大家庭中的一员，并体会到和大家相处的快乐。应尽量避免让自己卷入人际关系的斗争中，一旦被卷入斗争的圈子里，最好的办法是保持沉默，然后抽身而出。

人际交往的黄金法则

（三）保持职业激情

爱一行，才能干一行。如果对一项工作没有激情的话，就常常会发现自己找不到时间去做这项工作，因为时间都在抱怨、烦恼中浪费掉了。如果有机会，应尽可能找到自己最喜欢的职业，并全身心投入工作，从而让自己的工作激情得以延续（见图 6-3）。

图 6-3　保持工作激情

（四）摆正心态，虚心请教

无论是否有工作经验，在进入到一个新的工作环境时，都有很多东西需要去学习。作为新入职员工，一定要尊重企业的老员工，并与他们多沟通，向他们多请教。此外，遇到问题时一定要多分析、多思考，分析问题的根源，总结以后遇到类似问题时的解决方法和解决思路，从而形成自己的方法论。

名言警句

凡事都要脚踏实地去作，不驰于空想，不骛于虚声，而惟以求真的态度作踏实的工夫。以此态度求学，则真理可明，以此态度作事，则功业可就。

——李大钊

（五）训练提升职业能力

能力直接影响人的活动效率。职业能力和人的职业活动密切相关，它既能说明一个人能否胜任一份工作，也能说明一个人在该职业中能否取得成功。但能力不是天生就有的，它以知识和智力为基础，是知识、智力加实践的结果。

实践活动

职场压力调查活动

职场人的压力如影随形，职场新人有初入职场的烦恼，职场老员工也有自己的担忧。那这些压力来自何处呢？

请以小组（4～6 人）为单位，设计一份简单的问卷，针对职场压力进行一次社会调查活动，了解职场人一般的压力来源，以及在面对职场压力时，各位职场人会如何应对。分

析调查结果，然后写一份调研报告（500 字左右）。

过程记录

活动开展计划：

问卷设计难点：

活动开展难点及解决方案：

心得体会：

活动评价

教师可参考表 6-2 对各小组活动进行评价。

表 6-2　职场压力调查活动评价表

评价标准	分值	分数小计	教师评价
提前做好活动的策划	20 分		
问卷设计合理	20 分		
分工合理，各成员均积极参与	20 分		
调查结果合理、有价值	20 分		
调研报告能够体现自己的真实感悟	20 分		

第二节　职业生涯，难在科学评价

透视生活

毕业生做带货主播，行不行？

2020年，直播带货行业快速兴起，大大小小的电商公司遍地开花。社会普遍观点对带货主播这一职业的接受程度并不高，学历门槛低、主播专业水平有待提升、直播间货品良莠不齐等看法始终存在。但对年轻人来说，带货主播其实是再普通不过的一个职业选择，不少应届毕业生投身其中，在直播间里书写自己的职场故事。

21岁的梅晓萌，来自河北省石家庄市，就读于河北机电职业技术学院物联网应用技术专业，同时在北京市朝阳区一家公司做"超级直播间"的执行导演。

梅晓萌对于带货主播这份工作的热爱从线下帮父母卖货时就萌芽了。因为家里是做服装实体店生意的，所以她从小就对销售很感兴趣，寒暑假回家就在店里帮父母卖货，她觉得自己在这个过程中能够获得很大的满足感。此外，物联网应用技术专业的学习也让她对互联网的重要性有了更深刻的认识。

直播带货行业兴起后，梅晓萌迅速投入其中。她认为，直播让原本传播空间和形式有限的商品有了更多受众，是线下销售的升级，"直播可以使一些本来让人没有购买欲的商品，通过人为趣味的介绍和使用场景的延展更好地体现自己的价值。"带着对这份职业浓厚的兴趣，梅晓萌从直播运营一步步走到了主播的岗位上。

从选品、排品到对接，从展示形式的推敲到销售话术的揣摩……直播前后的每一个环节，梅晓萌都尽力而为。每次直播结束，她还会对不同平台的数据进行总结，反思如何让商品的销量提高。直播间作为一个双向开放的互动平台，观众对主播的评论也会实时反馈在屏幕上。对梅晓萌来说，每一场直播都是新的挑战，十分考验临场反应能力，她感觉自己在直播过程中不断进步着。

梅晓萌对自己当下的状态非常满意，也希望自己以后能够在带货直播这个行业中越走越远，给越来越多的消费者带来有用、高质量、高性价比的商品。

议一议　梅晓萌一直都知道自己想做什么，能做什么，在做什么。在了解到她的故事后，你认为她是成功的吗？请你评价一下她的职业生涯。

一、对职业生涯成功的不同理解

“成功”是指做完了某种事（“成”）和有了好的结果（“功”）。职业生涯成功具有很强的相对性，有人以获得社会地位和社会声望为成功，有人以工作安稳轻松、薪酬不低为成功，有人以努力工作、取得成绩为成功。总之，每个人的观点不尽一致，看法有所不同。

个人要想获得职业生涯的成功，既要追求外在的薪酬、职位或影响力，更要重视内在的心理特质，追求生命意义的体验和精神上的满足，找到个人的职业价值取向与自己所适合职业的结合点，这样才能算是真正意义上的成功。

互动空间

小 A 说：“在职业生涯初期，对自己锻炼最大的工作就是最好的工作；在职业生涯中期，挣钱最多的工作就是最好的工作；在职业生涯后期，能最大地实现人生价值的工作就是最好的工作。”小 B 说：“无论在职业生涯的初期、中期，还是后期，都是挣钱最多的工作才是最好的工作。”你更倾向于哪种说法？为什么？

二、了解职业生涯发展的评价要素

（一）是否符合社会发展趋势，满足社会需求

从职业的存在到岗位的确定，都是以符合社会发展、满足社会需求为前提的。作为即将步入社会的中职生，我们应该善于把握社会发展脉搏，了解所学专业在社会上的需求形势、社会发展对自身发展的影响等。这些认识有助于我们把握职业生涯发展的方向。

（二）职业价值取向是否正确

职业价值取向也称职业价值观，是个人希望从事某项职业的态度倾向，换言之，也就是人们在职业选择和职业生活中，在众多的价值取向中，优先考虑的职业价值。

职业价值取向是否正确，也就是我们常说的“干什么最值得”。俗话说“人各有志”，这个“志”表现在职业选择上就是职业价值取向。一些常见的职业价值取向与对应的职业如表 6-3 所示。当然，无论从事何种职业，正确的职业价值取向首先应建立在为社会尽职尽责、实现真正的人生价值上。

表 6-3　常见的职业价值取向与对应的职业

职业价值取向	对应的职业
拥有较高的社会地位，获得声望	政治家等
为他人提供帮助，体现自身价值	社会工作者、服务行业等
挑战自我，喜欢冒险	科学家、探险家等
有学问，受人尊敬	教师、医生、法官等
讲求实际，面对现实，追求效益	企业家、技术人员等
拥有稳定的生活和固定的收入	公务员等
追求自由空间，掌控自己的命运	个体经营者、画家、自由撰稿人等

（三）个人专业技能是否与职业相结合

专业技能是职业选择、职业发展的基石，只有具备丰富的专业知识和扎实的技能基础，个人的职业发展空间才会更大，职业之路才会越走越远、越走越宽。

（四）是否可以挖掘个人的职业优势

要想保证职业生涯的持续发展，就应当最大限度地挖掘并充分利用各种职业优势，综合各种职业资源。每个人所拥有的职业优势是不同的，如个人的专业技能、不同的区域文化等。我们要学会找到自己的职业优势，以促进自己职业生涯的成功。

成长故事

发掘长处，利用长处

小文是某职业学校艺术设计专业的学生，她在校时给自己制定的发展目标是从平面设计员开始，然后往一流的电脑美术设计师的方向努力。由于性格外向，小文还特别注重性格的调节，以适应平面设计师的职业需要。父母对她的规划很满意，认为这是一份很适合她的工作。

毕业后，小文如愿去了一家报社广告部做平面设计的工作。小文为自己顺利迈上规划中的第一个台阶而高兴，在自己的岗位上工作非常认真。可是刚干了一年多，报社由于急需拓宽广告市场，让小文改做广告业务。

小文反复斟酌，觉得虽然广告业务不同于广告设计，面对的是人，但自己性格外向、独立性强，而且有广告设计的底子，联系业务时能领会广告客户的意图，一定能比不懂艺术设计的人有优势。如果具备了广告业务的经历，能更好地揣摩客户需求，

对将来成为一流的电脑美术设计师肯定也很有帮助。

之后，小文不但愉快地走上了新岗位，而且当年就经手广告业务600多万元，成了报社里小有名气的人物，个人收入也得到了很大的提高。

三、评价自己的职业生涯规划

（一）评价职业生涯规划的目的和依据

1. 目的

评价职业生涯规划的目的在于进一步发挥职业生涯规划对自我发展的激励作用，为自己能有一份高质量的职业生涯规划和一个良好的职业开端服务。

2. 依据

中职生在评价自己的职业生涯规划时，要始终围绕规划能否促进职业生涯的可持续发展来进行。在具体操作时，应从以下两个方面来把握：

第一，要有现实性。主要体现为长远目标和近期目标是否适合自己，制订的措施能否落实，能否让自己不断地品尝成功的喜悦。也就是说，职业生涯规划必须具有可操作性，且有实现的可能。

第二，要有激励性。主要体现为阶段目标和发展措施能否不断激励自己奋力拼搏、奋发向上，能否督促自己珍惜时间、养成良好的习惯，能否不断增强自己实现发展目标的自信心。

名言警句

缺乏理想的现实主义是毫无意义的，脱离现实的理想主义是没有生命的。

——罗曼·罗兰

（二）评价职业生涯规划的方法和形式

1. 方法

评价自己的职业生涯规划主要从以下两个角度来进行：

第一，按职业生涯规划的设计过程，即发展条件、发展目标、发展台阶、发展措施，全面审视各环节的现实性和激励性。

第二，重点检查自己的近期目标与发展条件的匹配程度，以及近期目标的成功概率和实现近期目标措施的可行性，即检查与职业生涯发展的职业准备期、职业选择期、职业适

应期有关的目标、措施的现实性和激励性。

2. 形式

评价职业生涯规划主要有自我评价、集体评价和教师评价三种形式。

（1）自我评价

自我评价是评价职业生涯规划的基础，除了按上述方法整体审视、重点检查规划的内容以外，还要回顾自己在学习职业生涯规划课程和制订自己的职业生涯规划的过程中有哪些提高和欠缺，要通过自我评价再次认识自我、激励自我。

（2）集体评价

集体评价是完善职业生涯规划的重要保证。在进行小组或班级评价时，一方面，要鼓励同学积极评论，认真倾听同学们的建议；另一方面，在评价别人的职业生涯规划时，既要积极提出修改建议，还要发现、肯定其在学习职业生涯规划课程的过程中所取得的进步。集体评价的过程是相互帮助、相互激励的过程。

（3）教师评价

教师评价是再次修订职业生涯规划的导向。不用过分看重得到的分数或等级，而应该重视教师对规划本身的修改建议，重视教师对你在规划自己职业生涯的过程中取得的进步的评价。

成长故事

职业生涯规划自评与他人评价

小明是某职业学校汽车维修专业的学生（见图 6-4）。

图 6-4　汽车维修

在步入职校之初，他在老师的指导下，制订了自己的职业生涯规划。经过两年的在校学习，他将当初的设想与自己的现状相比较，对自己的职业生涯规划进行了修正，对自己未来的职业目标进行了分阶段的定位：技术工人—技术专家—部门经理。当他与同学和老师分享自己的规划时，得到的评价如下：

同学：思维活跃，有创新精神，更适合做销售工作，但沟通能力、交际能力、演讲能力有待提高。

老师：有上进心，但应注意脚踏实地，提高专业技能。

实践活动

职业生涯规划互评活动

在前几章内容的学习与实践之下，同学们都制订了一份属于自己的职业生涯规划，但每个人对职业生涯规划的评价标准还是会存在差异。请以小组为单位，参照表 6-4 所示的评分表，对小组成员的职业生涯规划书在自评的基础上进行互评，了解自己与他人在评价时的具体差异，看看自己的职业生涯规划还有哪些需要改进之处。

表 6-4 职业生涯规划评分表

评价内容	评分要点	分值（分）
自我认知（25 分）	自我分析清晰、深入，能清楚地认识到自己的优势和劣势	10
	对职业兴趣、职业能力、行为风格、职业价值取向的分析全面、到位	10
	从个人兴趣爱好、成长经历、社会实践等方面分析自我	5
职业认知（25 分）	了解社会的整体就业趋势，并且了解中职生的就业状况	5
	对目标行业发展前景及现状了解清晰，并且了解行业中的就业需求	5
	对行业的人力资源管理战略、企业文化等的分析能做到“人职匹配”	5
	对目标职位的工作职责、任职者所需技能的分析能做到“人岗匹配”	5
	通过对外部环境的分析，能清楚地认识到自己面临的机会、挑战	5

续表

评价内容	评分要点	分值（分）
职业目标设计（15分）	职业目标确定和发展路径设计符合外部环境和个人特质	5
	职业发展路径符合现实，职业目标具有竞争力	5
	能用长远的眼光设定职业目标，并将长远目标划分为几个阶段目标来实现	5
规划与实施计划（15分）	行动计划清晰、可操作性强	5
	行动计划在保持个人优势、全面提升个人竞争力方面针对性强	5
	近期计划详尽，中期计划清晰、灵活，长期计划具有方向性	5
评估与调整（10分）	对行动计划和职业目标建立评估方案，如要达到什么标准，评估的要求是什么	5
	对职业路径进行可行的调整，备选方案也能充分根据个人与环境的评估进行分析确定	5
思路和逻辑（5分）	思路清晰、逻辑合理，能准确地把握职业生涯规划的核心与关键	5
美观性（5分）	清晰美观、创意新颖	5

过程记录

互评活动开展计划：

互评活动开展关键点：

互评活动进行情况：

心得体会：

活动评价

教师可参考表 6-5 对各小组职业生涯规划互评活动进行评价。

表 6-5　职业生涯规划互评活动评价表

评价标准	分值	分数小计	教师评价
各小组成员均积极参与	30 分		
评价认真，符合评分要点	30 分		
能够从互评中发现自己的问题	40 分		

第三节 职业生涯，成在合理调整

透视生活

年轻人回村当“职业农民”

2021 年春节后，刚过 24 岁的付义华加入绿能公司社会化服务队，成了一名无人机操作员。付义华的父母和许多安义人一样，在外地从事铝合金加工和销售。“我们家在深圳开了铝合金门窗店。毕业之前，我对未来的职业规划就是帮着家里的门店做安装。但 2021 年春节后，我突然不想过那样的生活了，所以决定重新去思考自己能做什么。”

2021 年春节，付义华和家人回到安义县过年，得知绿能公司招聘飞防无人机操作员时，他选择留了下来。在付义华的认知中，同样在田间面朝黄土背朝天，但操作飞防无人机的“职业农民”和传统耕地插秧的“身份农民”还是有所不同。“家人对我从农村来到城市、再从城市回到农村的行为很不认同。但我认为，我喜欢这份工作，而且现在时代发展迅速，‘职业农民’和城市打工人并没有实质上的不同。”付义华说。

按照绿能公司的规定，无人机操作员每月固定工资为 5 000 元，另外每个月还有 3 000 元的绩效奖金。“操作员的绩效奖金和作业面积挂钩，作业面积越大，绩效奖金越高。这笔钱在年底一次性发放。公司还提供免费食宿、工服和各类专业技能培训，为来到公司的年轻人节省生活开支。”绿能农业发展公司总经理宁江说。同时，公司还设计了一条从普通操作员到技术负责人的晋升路线，让年轻的“职业农民”能看到发展前景。

在成为无人机操作员的 10 个月里，付义华操控植保无人机喷洒农药作业面积近 24 000 亩，除去 5 万元的固定工资，他还拿到了近 6 万元的绩效奖金。因为工作表现突出，他还晋升为片区飞防负责人，成为第一个晋升的操作员，正式负责一个片区的农田飞防工作。

付义华对“职业农民”的身份有些自豪：“如今，绿色农业产业化需要我们这样的‘职业农民’，而要成为一名‘职业农民’并不是一件简单的事，需要学习专业知识，比如农机、无人机维修保养，种子、农药、化肥的区别配比调制等。知识面越广，工作时的底气也越足。”

议一议

从付义华的经历中你得到了哪些启发？你认为调整职业生涯规划应当考虑哪些问题？

一、调整职业生涯规划的必要性

职业生涯规划制订完成，并不意味着一劳永逸。为了保证职业生涯规划的行之有效及与时俱进，需要根据外部环境和自身条件的变化，对职业生涯规划进行及时调整、修正和完善。

（一）应对外部环境变化的需要

所谓外部环境，主要是指从业者所处的政治环境、社会环境、经济环境、技术环境等。随着新工艺的推广、新技术的应用、设备的更新、岗位任务和职责的变化，就业岗位对从业者的要求也在发生变化。此外，在职业生涯规划的执行过程中，有些从业者会发现，自己所选职业及其所在行业并不符合自己的追求和理想，对于上述两种情况，都需要及时转变职业发展方向。

（二）适应自身素质变化的需要

在校期间制订的职业生涯规划，是在初步确立职业理想、职业认知和职业目标的基础上完成的。随着年龄的增长、知识的丰富和能力的提升，中职生对自身、社会和职业逐步有了更深刻的认识，价值观和职业观也会随之改变。这些变化不但会影响阶段目标还会影响长远目标，此时也需要对职业生涯规划进行及时调整。

名言警句

时代是继续不断地前进的，我们必得参加在现代生活里面，与时代俱进，才能做一个长久的现代人。

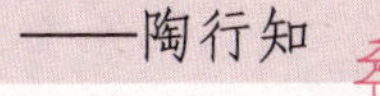

——陶行知

二、调整职业生涯规划的最佳时机

在职业生涯发展过程中，会存在各种机遇和挑战。因此，在对职业生涯规划进行调整时，应当注意把握好最佳时机。调整职业生涯规划有两个最佳时机，一是毕业前夕，二是工作后三至五年。

（一）毕业前夕

在毕业前夕，大部分中职生有了求职经历。此时，可以根据获取的职业信息、人才市场上的供求关系和自己的求职过程，来对自身条件进行检验。

通常情况下，我们会发现在校期间制订的职业生涯规划与实际存在一定差距。产生差

距的原因主要有以下三点：

（1）在制订职业生涯规划时，对实际情况了解不够充分。

（2）随着时间的推移，外部环境和自身条件都发生了较大的变化。

（3）自己还没有完成从“学校人”到“职业人”的角色转换。

（二）工作后三至五年

在工作后三到五年，中职生有了从业实践。如果此时发现规划与实际情况相差甚远，就需要在重新审视自己的基础上，修正发展目标，甚至调整发展方向；如果能够顺利适应职业，完成角色转换，就应坚持原定的发展方向，进一步完善原有的发展措施。

拓展阅读

中职生职业生涯前五年的发展规划

一般情况下，中职生职业生涯前五年的发展规划如表 6-6 所示。

表 6-6　中职生职业生涯前五年的发展规划示例表

工作时间	发展目标	主要疑问	主要任务
第一年	初入职场，适应社会	我是谁？我想干什么？	完成从“学校人”向“职业人”的转换。需要克服个人期望与企业实际情况的落差所带来的不安全感，以适应企业环境，掌握工作的规则和程序
第三年	明确定位或转换职业	我能干什么？能干好什么？	成为独立的职业人，在企业内部成为某一方面的专才。在这一阶段，如果发现当前的职业不适合自己或没兴趣，应尽快改变方向，重新设定目标
第五年	职务晋升或调整方向	我将成为什么人？	向管理人员方向发展。如果发现自己不适合担任管理角色，应该考虑向专业技术人员方向发展

三、调整职业生涯规划的步骤

调整职业生涯规划是在重新评估自身条件和职业生涯机会的基础上进行的，一般遵循以下几个步骤。

（一）重新评估自身条件

重新评估自身条件是通过“我能干什么”的自我审视，来掌握自身条件的变化和职业实践的检验结果，从而判断自己的职业素养是否符合当前所从事的职业。

PDCA 循环法评估调整职业生涯规划

对于初次制订职业生涯规划的中职生来说，首先应分析发展条件，然后再确定发展目标，以避免因涉世未深而眼高手低。对于已有求职实践或从业实践的中职毕业生来说，调整职业生涯规划通常先从发展目标着手，然后再重新评估当前的自身条件，这样才能检验初定目标是否符合实际。

（二）重新评估职业生涯机会

重新评估职业生涯机会是通过“什么可以干”的自我审视，来对求职环境或从业环境进行再分析，对自己的职业生涯机会和障碍进行评估。

重新评估职业生涯机会与重新评估自身条件一样，也是在对原有目标不满意、对新目标有了初步想法的基础上进行的。因此，在重新评估职业生涯机会时，不但要对原规划的职业生涯发展机会进行再评估，还要围绕新目标实现的可能性和外部环境进行分析，从而对职业生涯未来发展的机遇和障碍做到心中有数。

（三）修正职业生涯规划

修正职业生涯规划是通过“应该怎么干”的自我审视，来修正职业生涯发展目标，调整职业生涯规划。

中职毕业生应首先明确发展目标的价值取向，定期根据自己的职业实践进行理性地评估，以找到自己的劣势和不足。其次，应根据内外部环境的变化及时调整、修正自己的职业生涯规划，以弥补自己的薄弱环节。

互动空间

在修正职业生涯规划时，你会关注哪些外部环境？如果你的自身条件无法满足职业需求，你该如何取舍？

（四）落实修正后的职业生涯规划

要想在职业生涯中获得成功，必须把职业生涯规划落实在每一天的具体行动中，注重培养积极有效的行动能力，绝不能做“语言的巨人，行动的矮子”。

成长故事

找到适合自己的位置

小琳从一所职业学校酒店管理专业毕业后，在当地的一家四星级酒店公关部工作。由于性格内向、不善言辞，她与其他口齿伶俐的同事相比很不起眼。但她踏实肯干，认真对待自己的每一项工作，四年后，她被升为公关部经理。

公关部经理的工作杂、要求高、应酬多，性格内向的她感到压力很大，觉得很多时间、精力都花在了无意义的事情上。渐渐地，她对这份工作产生了前所未有的厌烦。

于是，小琳根据自身条件和职业生涯机会重新进行了评估。她认为目前的职位虽然不是自己喜欢和擅长的，但自己仍然喜欢在这家酒店工作。同时，自己认真负责的工作态度也得到了领导的认可。于是，她找机会向领导说明了自己的处境和期望，并阐述了公关部经理不适合自己的理由，请求老板帮助自己找一个符合自己特点的职位。

现在，她在酒店担任质检部经理，并利用业余时间进修了沟通与管理方面的课程。领导对她的工作很满意，她自己也干得游刃有余，越来越自信。

实践活动

学习他人好榜样

请以小组（3～5 人）为单位，在本地区或本校往届毕业生中邀请几位职业发展成功的榜样人物，请他们讲述自己的职业生涯规划历程。事后，对他们职业发展规划的调整和修正做出分析，并结合自身条件和外部环境，谈谈你将如何调整自己的职业生涯规划。

过程记录

活动人员：

分析过程：

活动结果：

活动评价

教师可参考表 6-7 对各小组的实践活动进行评价。

表 6-7　“学习他人好榜样”活动评价表

评价标准		分值	分数小计	教师评价
榜样人物	邀请的榜样人物拥有较为丰富的职业生涯经历，目前的职业发展相对成功。教师根据实际情况酌情给分	30 分		
分析过程	能够对榜样人物职业生涯规划的调整和修正做出合理分析，说明他们遇到过的突发情况，以及应对措施。教师根据实际情况酌情给分	30 分		
活动结果	学生根据榜样人物的故事，抒发自己的感想，阐述调整自己职业生涯规划的应对措施。教师根据实际情况酌情给分	40 分